気持ちも頭もスッキリする！

捨てる脳

脳内科医／「脳の学校」代表

加藤俊徳

自由国民社

はじめに

「捨てたいけれど……まぁいいや、とそのままに」
「衝動的にたくさん捨てたけれど……また溜まる」
「もったいないから、とっておこう」
「家族が散らかして、捨てないのでイライラする」

そんなお悩みで日々もんもんと過ごしていませんか？　本書は、そんなあなたのための一冊です。

ちまたには「片づけ」の指南書があふれています。片づけに便利な収納グッズを紹介していたり、散らからない仕組みづくりを勧めていたり、片づけられる考え方になる方法を提示していたり……。内容はさまざまですが、そうした本を読んでいて、あなたは片づけられるようになった、あるいは、捨てられるようになったでしょうか。

恐らく、それで成功しなかったから、本書を手にとっていただいているのだと思います。もしくは、「もっと片づけたい！」「もっと捨てたい！」と思って、本書のページをめくっているのかもしれませんね。

結論から言いますと、**いくらノウハウ本を読んでも、「捨てる脳」を持っていなければ、捨てられるようにはなりません。**

え？　「捨てる」ことと、「脳」にどんな関係があるの？

と、首をひねってしまう方もいるかもしれませんが、実は、大いに関係があるのです。

というのも、**脳はもともと「集める」ようにできているから**です（そのメカニズムは、第1章で詳しくご紹介します）。「捨てる」という行為は、当然ですが、捨てるべき対象物がなくては捨てられません。

つまり、「集める」ことをしないと、捨てられないわけですが、脳はすでに「集める」ことをしています。

というよりも、脳は「集める」ように働いています。それを、**正反対の「捨てる」ことにシフトさせなくてはならないので、そこに労力が必要になって「捨てる」が難しくなるのです。**

ところが、いかんせん、現代は情報やモノ（物理的な品物を指す）があふれすぎていて、集めようと思えば、どんどん集まってくるのはもちろん、集めようとしなくても、スマホやパソコンを開けば「あなたの欲しいモノはこれですよね？」と、情報が自動的に、これでもか、これでもかというように集まってきます。

そうやってたくさんの情報が手軽に入手できるのは、決して悪いことではありませんが、集める、あるいは集まってくる情報が多すぎて、今度はうまく捨てることができなくなってしまうのです。

そこで私が危うさを覚えるのは、集めたつもりになっていても、実は何も溜まっていないかもしれない、ということです。

たとえばインターネットを見ていて、つい、モノを買ってしまったり、ＳＮＳで繋がりがたくさんできたりしたとしても、実際には〝使わず〟に、集めた時点で、満足していませんか。

収集した洋服にしても数回着ただけでタンスの肥やしになっているとか、ＳＮＳで繋がった人とは数回のやりとりだけで終わってしまい、実のあるお付き合いなんてしていない……そんな人が多いような気がします。

つまり、情報やモノを得ただけで満足、あるいは安心してしまい、自分の中に記憶として定着させることができないため、それらをきちんと活かしていないのです。

そもそも「捨てる」には、捨てるだけのものが溜まっていないと捨てられません。これは考えてみれば当然のことですよね。

現代は、「情報やモノを得た」と言ってはいるものの、それは「触れた」だけで、自分の中にしっかり定着していないのではないかと思います。

蓄積されていないので、捨てようにも捨てるものがない、となっているわけです。

ここで「そもそも捨てるものがないのだから、ラクでいいわ〜」なんて思ってしまったらそれこそ危険です。捨てるほど集めていないということは、脳を働かさなくて済む、つまり脳の衰えを知らず知らずのうちに促進していることになるからです。

では、どうすればいいのかというと、**「うまく集める」「うまく捨てる」ことがポイントになります。**

それが「捨てる脳」になることだと言えるでしょう。

ではどうしたら「捨てる脳」になれるのでしょうか？
そもそも、人はなぜ「捨てられない」のでしょうか？
いや、むしろ、「捨てる」メリットはそんなに大きいものなのでしょうか？

そんな疑問にお答えしたのが本書です。

本書は、２０１９年に発行した『片づけ脳』の続編ともいうべきものです。『片づけ脳』では、「片づけたくても片づけられない！」と悩む人に、脳の働きを理解して、脳の弱い部分を鍛えることをお勧めしました。

一方本書では、「片づけ」と同時並行的に語られる「捨てる」ことができる「捨てる脳」についてまとめています。

実感されている方も多いと思いますが、「捨てる」ことは、「片づける」ことよりもはるかに高度な行為です。そのため、「捨てる」ことができずに悩む人は少なくありません。

いったい、どうしたら迷うことなく捨てられるようになるのか。

いかに「ラクに」捨てられるようになれるのか。

そんな「捨てる」ということについて、脳科学の視点から、そのヒントをまとめています。

ただ、「捨てる」とひと言でいっても、その対象が何であるかによって、「捨て方」が違ってきます。

モノなのか、情報なのか、人間関係なのか……有限無限さまざまな「捨てるべきもの」がありますが、本書では主にモノや情報に比重を置いて述べています。人間関係についてては、さらに奥が深くなるので、部分的には出てくるものの本書では詳しく触れません。

では、まず、あなたはどの程度の「捨てられない脳」なのか、次のチェックリストで確認してみましょう。

「捨てられない脳」チェックリスト

A

- □ 1 よくつまずいたり、ぶつかったりする
- □ 2 スマートフォンを長時間使用する
- □ 3 本や雑誌などを読んでいるとき、大切だと思う部分以外は読み流すほうだ
- □ 4 スーパーなどで目的のモノを探し当てるのが苦手

B

- □ 5 料理を作ると予定より分量が多くなる
- □ 6 タンスに眠っている服も、いつか出番が来ると思っている
- □ 7 モノを手放すことに罪悪感を覚える
- □ 8 家電などの取扱説明書は読まない

C

- □ 9 ねこ背になりやすく肩こりがある
- □ 10 球技が苦手
- □ 11 玄関の靴は出しっぱなしが多い
- □ 12 電車やバスではすぐ座る

D

- □ 13 やろうと思っていたことを先延ばしにする
- □ 14 複数のモノの中から１つ選ぶのに時間がかかる
- □ 15 増量セールが大好き
- □ 16 何かを決断する場面で人任せが多い

E

- □17　過去に買ったことを忘れて同じモノを２つ買ってしまう
- □18　時間を忘れて没頭してしまうところがある
- □19　野菜や肉、魚を腐らせてしまう
- □20　自分ひとりだと時間にルーズになりやすい

F

- □21　寝る前にイヤなことが浮かびやすい
- □22　日によって気分の波がある
- □23　人の顔色を気にしすぎる
- □24　自分の気持ちがよくわからないことが少なくない

G

- □25　同じことを二度言われることがある
- □26　他からの音があると、作業が落ち着いてできない
- □27　人の相談に乗ることが少ない
- □28　日中に眠気が起こりやすい

H

- □29　作文が苦手
- □30　自分の言いたいことがまとまらない
- □31　どちらかと言えば人見知り
- □32　会合や飲み会の参加を避けている

さあ、あなたはいくつチェックがつきましたか？
チェックした数であなたの「捨てられない脳」レベルがわかります。

0個

あなたは立派な「捨てる脳」です。すでに捨てることができている人だと思いますが、もっとレベルを上げたい、脳も鍛えたいとお思いでしたら、ぜひ読み進めてください。

1〜7個

「やや捨てられない脳」です。比較的バランスのとれた脳と言えますが、「結構捨てられない脳」になってしまうことを防ぎましょう。

8〜15個

「結構捨てられない脳」です。まだ重症化はしていませんが、トレーニングをして鍛えたほうがいいでしょう。

16〜23個
「ほぼ捨てられない脳」です。これ以上「捨てられない脳」化しないために、弱い部分をしっかり鍛えてください。

24〜32個
完全な「捨てられない脳」です。早速トレーニングを始めて、脳を変えていきましょう！

さて、AからHのカテゴリーの中で、どこに多くチェックがつきましたか？
どのカテゴリーにチェックが多くついたかによって、あなたが特に鍛えるべき脳の部分がわかります。

〈鍛えるべき脳の部分〉

Aが多かった人……視覚系
Bが多かった人……理解系
Cが多かった人……運動系
Dが多かった人……思考系
Eが多かった人……記憶系
Fが多かった人……感情系
Gが多かった人……聴覚系
Hが多かった人……伝達系

この8つについては、第1章で詳しく説明していきます。

「捨てる脳」になると、目の前がスッキリするだけでなく、脳がリフレッシュするほか、いろんな〝いいこと〟が起こる可能性があります。ひと言でいえば、人生が豊かになるのです。たとえば……

・家族への伝達力が身につき、コミュニケーションがよくなる
・自分の感情や「何に執着しているか」に気づくようになる
・判断力、思考力、記憶力、行動力が身につく
・「自分はどうしたいのか」がわかり、やりたいことができるようになる
・テキパキ行動できるようになる

などです。その他のメリットは第1章でご紹介しましょう。

本書を読めば、「捨てる」と脳の関係がわかり、捨てやすくなるでしょう。また、なかなか「捨てることをしない」家族に対して、どうアプローチしていけばよいかもわかるようになります。

さぁ、「捨てる脳」を目指して、本書のページをめくってください。

目次

ワーキングメモリ「期限を決めて考えてから判断する」 135

長期記憶「過去を回想しながらじっくり考える」 179

第4章 家族が捨ててくれない場合の診断と対策

第1章
捨てられないのは脳のせいだった！

人の脳はもともと「集める脳」になっている！

「捨てたいけれど捨てられない」

多くの人は、そんな悩みを抱えていると思います。しかし、実は捨てられないのは、脳の仕組みからいえば当然のことなのです。

なぜなら、脳はもともと「集める脳」になっているからです。

たとえば今朝のテレビ、あるいはインターネットのサイトで気になったニュースはありましたか？

もしくは、天気予報はチェックしましたか？

その内容によって、今日何を着ていくかを決めませんでしたか？

私たちは日々生活する中で、このように小さな情報を収集しながらその日の行動を決めています。「情報を収集している」と意識はしていなくとも、目で見たり、耳に入ってきたり、あるいは手で何かを触ったりすることが、おのずとその後の行動を左右しています。

そしてまた、一見マンネリな日々のようでも、毎日まったく同じ状況であることはありえません。当然ですが、私もあなたも、昨日と今日とで、やっていることは違いますよね。つまり、**私たちは毎日、さまざまな経験をしていて、それにまつわるさまざまな情報が、あなたや私の脳に入ってきます。**

言い換えれば、私たちは脳にインプットされる情報によって生活しています。

人生は「集めたもの」でできている！

人には学習機能があり、成長するためにさまざまなものを蓄積しています。それがすなわち「集める脳」です。

たとえば赤ちゃんは、新しいことを次々と体験・習得して大きくなります。そして、小学生になり、中学生になり、高校生になり……と、子どもはさまざまな経験を積み重ねて大人になります。人生はその人が集めたもの、つまり経験や記憶でできているのです。

だからこそ**脳は、経験や記憶を蓄積する仕組みになっていて、そもそも「捨てる」仕組みにはなっていません。「捨てない脳」になっているのです。**

ですから「捨てられない」のは、ある意味当たり前なのです。「せっかく集めたものを、なぜわざわざ捨てなきゃいけないのか」といった潜在意識があるがゆえ、わざわざ「捨てる」ことをしようと思わないのです。

そこをあえて「捨てる」となると、それは脳にとって、とても高度な働きをすることになるので、難しいのは当然です。

一方で、脳は非常に優秀で、実はふだんから自然に集めた過去を仕分けして、「いる・いらない」を判断しています。**自分にとって意味のないもの、関係のないものについては、無意識に捨てている、要は「忘れて」しまうのです。**

それならわざわざ「捨てる脳」にならなくていいのでは？　と思ってしまいますよね。

そこが大きな落とし穴です。**無意識に捨てる（＝忘れる）ことと、意識して捨てる（＝自分の意思で取捨選択する）ことでは大違い**だからです。

そのままの状態、つまり、「日々どんどん経験を積み、情報を脳に蓄積していく一方で、自分にとって意味のないもの、関係のないものについては、無意識に捨てていく」という状態を放置していると、脳がマンネリ化して、必要なときにうまく働かなくなってしまいます。

意識してその状態を変えていく。すなわち、「集める脳」から「捨てる脳」にシフトしないと、脳は劣化の一途をたどってしまうのです。

「うまく集める脳」にならないと脳は劣化する！

雑誌や本、洋服、靴、食器や箸置き、キャラクターグッズなどなど、モノを集めるのには、時間もかかりますし、それらを置いておくスペースも必要です。

それは脳も同じです。「脳は集める仕組みになっている」とお伝えしましたが、脳が視覚系や聴覚系を通じて集めたさまざまな情報は、ワーキングメモリ（作業記憶）として次に脳の情報処理を行います。このワーキングメモリでは、海馬（右脳と左脳の奥にある記憶を司る器官）が思考系と理解系と連動しながら一時的に情報を保存します。保存されている情報は、必要なときに他の情報と組み合わさって処理されていくわけですが、この**ワーキングメモリには容量、つまりキャパの限度があります。**

集め続けて、何でもかんでも頭に入れてしまうと、そもそもが「集める脳」になっているので、脳の中はごちゃごちゃしてしまい、容量も一杯一杯になります。そうなると、ワーキングメモリが働きづらくなり、結果的に脳は目的を遂行できなくなります。

ぎゅうぎゅうに集めすぎていませんか？

たとえばクローゼットにぎゅうぎゅうに洋服を詰め込んでいると、必要な洋服を取り出しにくいですよね。なんとか取り出したとしても、シワシワで使えない、と残念な思いをした経験がある方もいるのではないでしょうか。

収納棚が整理されていないところに、その上にさらに無造作にさまざまなモノを積み重ねてしまえば、ごちゃごちゃが加速されて収拾がつかなくなります。

それと同じで、**脳の中も集めるばかりで整理されずに不要なものが溜まっていると、脳はうまく働くことができなくなります。**

また、たくさん集めてしまうと、何かが抜けてしまう、という事態も起こりがちです。余計な情報が入りすぎると抜けやすくなってしまうのです。

たとえば、やる気があって理解力もあって、しっかり考えられる、思考の働きがよい人でも、たくさんの仕事を抱えていたら、いつのまにか重要な仕事が抜けていた……なんてこともあったりしませんか。

あるいは、急ぎの仕事をしているのに、宅配便が来たり、電話がかかってきたり、面倒くさいメールが来たり……と忙しく処理していると、気づいたら何かが抜けていたりもします。

やはり、ちゃんと「やるべきこと」に注意を向け続けて集めていないと、アレもコレもとたくさんになってしまうと、頭の中があっちこっちに飛んでしまって、知らず知らずのうちに大事なことが抜けてしまうのです。

そうならないためには、子ども時代は「集める脳」で成長していくのはいいとしても、大人になってからは「捨てる脳」になる必要があります。

ところが、単純に「捨てて」減らせばいい、というわけでもありません。入ってきたもの、あるいは溜まっている古いものが、必要か・必要でないかを選択しなくてはならないからです。

私は「選んで集めることができる」ということ自体が、すでに「捨てる脳」になっているのではないかと思います。

うまく集めて脳の中を整理しておくと、迷うことなくワーキングメモリがサクサク働いて「次に何をしたらいいか」と、選んで集めることがしやすくなります。「捨てる」モノも明確になり、常にワーキングメモリが機能しやすい状況に整理されている、そんな好循環が生まれてきます。

そう考えると、何をどのくらい集めるか、何をどのくらい捨てるかにより、人生が決まるといっても過言ではありません。

だからこそ、「うまく集め」て、「うまく捨てる」ことが必要なのです。

脳はラクをしたがる

うまく集めて、うまく捨てることができないと、どうなるか。やがて「省エネ脳」「マンネリ脳」となっていきます。

私たちは「集める脳」のおかげで、成長できているわけですが、20歳を過ぎると、子ども時代のような勢いで集められなくなってきます。

しかし、脳は「集める脳」でないと成長しません。ではどういうことが起きるかというと、今まで集めたものを操作する脳になっていきます。

あるものでなんとかしようとする、なるべく労力を使わないようにする「省エネ脳」になってしまうのです。脳はラクをしたがるのです。

たとえば新しいことをやろうとすると、今まで集めたものではできないので、また新たに集め直し（学び直し）をしなくてはなりません。それでは大変になってしまうので、今まで集めていたものでできるよう、脳が自動的に処理しようとします。これはつまり、脳をあまり使わない、ということを意味しています。

こうして**どんどん脳が使われなくなると、「マンネリ脳」になっていきます。**

脳の神経細胞にとっては、成長するために新鮮なものを集め続ける必要があるのに、「マンネリ脳」になると、それができなくなってしまいます。

さらには新しいものが入ってこない結果、「捨てる」だけのものもなくなってしまいます。ゴミ箱の中身が空っぽだということです。

そんな人にとっては、「捨てる」必要がないわけですが、私は「捨てるだけのものを集めていない」状態そのものがまずいと思っています。

そもそも捨てるほど集めていない？

「捨てるだけのものを集めていない」なら、捨てるものがないのだから、ラクでいいじゃん……なんていうほど、コトは単純ではありません。

「捨てる」という行為は、「集める」ことをして、「捨てるだけのもの」があるからこそ、できる行為です。

これも現物であればイメージしやすいと思います。ミニマリストのように、所有物がほぼない人、暮らしに必要な最低限のモノしか持たない主義の人は、そもそも集めていないから、捨てるモノもないわけです。

これが脳の場合、**「捨てるほどのもの」が入っていないということは、「情報が入っていない」「経験が蓄積していない」と言い換えられます。**

そういう人は捨てる必要がないので「捨てる脳」になりようがありません。しかし先にも述べたように、私は、それはむしろ危険なことだと思います。

たとえば、40代後半の女性が、ふとしたときに「私、脳の働きがまずいよね」と思うのは、そもそも働いていた、つまり集めていた自覚があるからです。捨てるほどの情報（記憶）がちゃんと蓄積されているからこそ「まずいよね」と思うのです。もし、情報がインプットされていなければ、「まずいよね」とも思わないでしょう。

「まずい」と思えば「なんとかしなくっちゃ」と改善策を模索しますが、「まずい」とすら思わなかったら、そのまま放置されてしまい、その「まずい」ことはどんどん進行してしまいます。

「集めたつもり」になっているだけ？

「いやいや、今の時代、たくさんの情報があるのだから、そもそも捨てるだけの情報を持っていない、なんてことはありえない！」と反論の声も出てきそうです。

確かに現代においては、頼みもしないのにスマホからはどんどん情報が送り込まれてきますし、自分のほうからも料理レシピや節約ノウハウなど欲しい情報を、いくらでも追いかけることができます。

しかし、ここにも落とし穴があります。「はじめに」でも触れましたが、情報を触っただけで集めたつもりになっているのではないか、ということです。

最近は、スマホでYouTubeやニュースを見ることに時間が割かれ、本や新聞を読むことが少なくなってきています。そうなると、長くてまとまった文章を頭の中に定着させることが難しくなります。これは「長期記憶」ができなくなってきているということです。**情報には触れているけれども、実は内容は自分の記憶として定着することができていない**のです。

ところが動画を見続けていたり、SNSをチェックし続けたりしていると、頭が疲れてくるために、擬似的に「集めた」感覚になってしまいます。実際、情報をさばくために、その場その場でワーキングメモリが稼働するのでかなり疲れるはずですが、それが「脳を使っている」と勘違いしてしまうのです。

しかしその実態は、ワーキングメモリばかりを使っていて、自分に役立つ情報になる長期記憶を定着させていないのです。そのうえ、そうやって情報をさばくようになると、もしかしたら、捨ててはいけないものまでを、知らないうちに捨てているかもしれません。

デジタル化が進行した情報化社会ならではの、脳にとって大きな危機だと感じています。

なぜ、ワーキングメモリばかりを使うのがいけないのかというと、**ワーキングメモリには限界があるので、必要以上に稼働させると、キャパが一杯になり、ストレスがかかってくる**からです。

情報過多の時代において、私たちは総じてワーキングメモリを使い過ぎているように思います。ワーキングメモリは、使えばそれなりに即時対応できる能力は向上しますが、やはり脳を広く使いこなす意味でも、長期記憶をもっと使ったほうがいいですし、記憶力だけではなく、理解力や感情をコントロールするなど、もう少し余裕がある脳の使い方をした方が、「捨てる脳」になるのではないかと思います。

なぜ長期記憶をもっと使った方がいいのかについては、次項で詳しく説明します。

「捨てる脳」の最重要脳番地は記憶系

「捨てる」という行為にもっとも関係しているのは「記憶」です。ご存じのとおり、脳には実にさまざまな機能があります。「記憶」もその１つで、そうしたさまざまな機能を理解しやすいよう、私は「脳番地」という概念で表現しています。

本書ではここから、脳番地という表現を使いながら説明していくので、脳番地の基本を押さえておいていただければと思います。

主な８つの脳番地

脳には１０００億個を超える神経細胞が存在しています。そして、「記憶する」「理解する」「運動する」など、さまざまな役割が与えられていて、同じような働きをする細胞は寄り集まって神経細胞の島をつくっています。

この細胞の集団に、住所のように番地を割り振ったものが、私が提唱する「脳番地」です。

脳番地は全部で約120ありますが、似たような働きを持つ脳番地をまとめると、次のように8つの系統に分けられます。

視覚系脳番地：目で見ることに関係する脳番地
理解系脳番地：物事を理解することに関係する脳番地
運動系脳番地：からだを動かすことに関係する脳番地
思考系脳番地：物事を考えたり判断したりすることに関係する脳番地
記憶系脳番地：覚えたり思い出したりすることに関係する脳番地
感情系脳番地：喜怒哀楽など感情に関係する脳番地
聴覚系脳番地：言語の聞き取りなど耳で聞くことに関係する脳番地
伝達系脳番地：話したり伝えたりとコミュニケーションに関係する脳番地

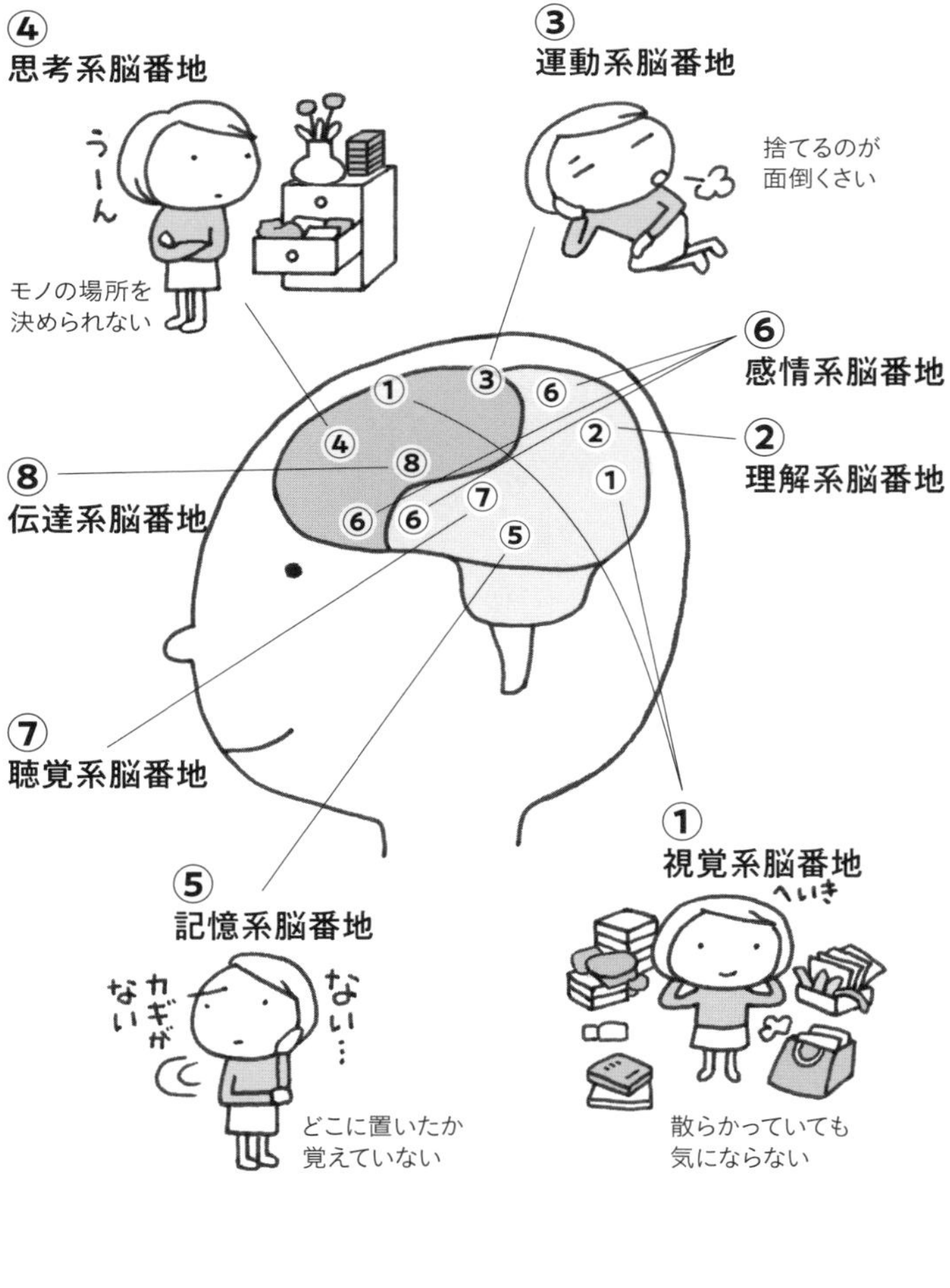

④
思考系脳番地

うーん

モノの場所を
決められない

③
運動系脳番地

捨てるのが
面倒くさい

⑥
感情系脳番地

②
理解系脳番地

⑧
伝達系脳番地

⑦
聴覚系脳番地

①
視覚系脳番地

へいき

散らかっていても
気にならない

⑤
記憶系脳番地

カギがない

ない…

どこに置いたか
覚えていない

8つの脳番地は、いずれも左脳、右脳の両方にまたがっています。これらの脳番地がネットワークで繋がり、情報が往来し循環することで、私たちは日常生活を送ることができます。

人によって、どの脳番地が強いか・弱いかはさまざまです。自分はどこが弱いのかを含め、それぞれの脳番地の働きや仕組みを理解してうまく連携させ、活性化することで「捨てる脳」に近づけます。

脳に情報を集める仕組みは三段階になっている

「集める脳」にとっても「捨てる脳」にとっても、重要なのは記憶系脳番地です。中でもカギは「長期記憶」にあります。

長期記憶とは、文字通り長期的な記憶、つまり脳の中に定着した記憶です。

脳に情報を集める仕組みは三段階に分けられます。これまで、著者はこの三段階の過程をｆＮＩＲＳ、ｆＭＲＩ（※）を使って詳細に研究してきました（参考文献1、

2、3）。

第一段階は、外部から五感を通じて情報が入る段階で、大きく「目や耳から入ってくる情報」と「皮膚を通じて入ってくる情報」の２つのルートがあります。目や耳から入ってきた情報は、視覚系や聴覚系に送られ、皮膚を通じて入ってきた情報は、感情系の中の感覚野（運動系脳番地と接している部位）に送られます。

次の**第二段階では、情報処理として、ワーキングメモリが取次役として機能することで、脳に入力された情報は、短期記憶として保持されます。**記憶系の海馬

脳に情報を集める仕組み

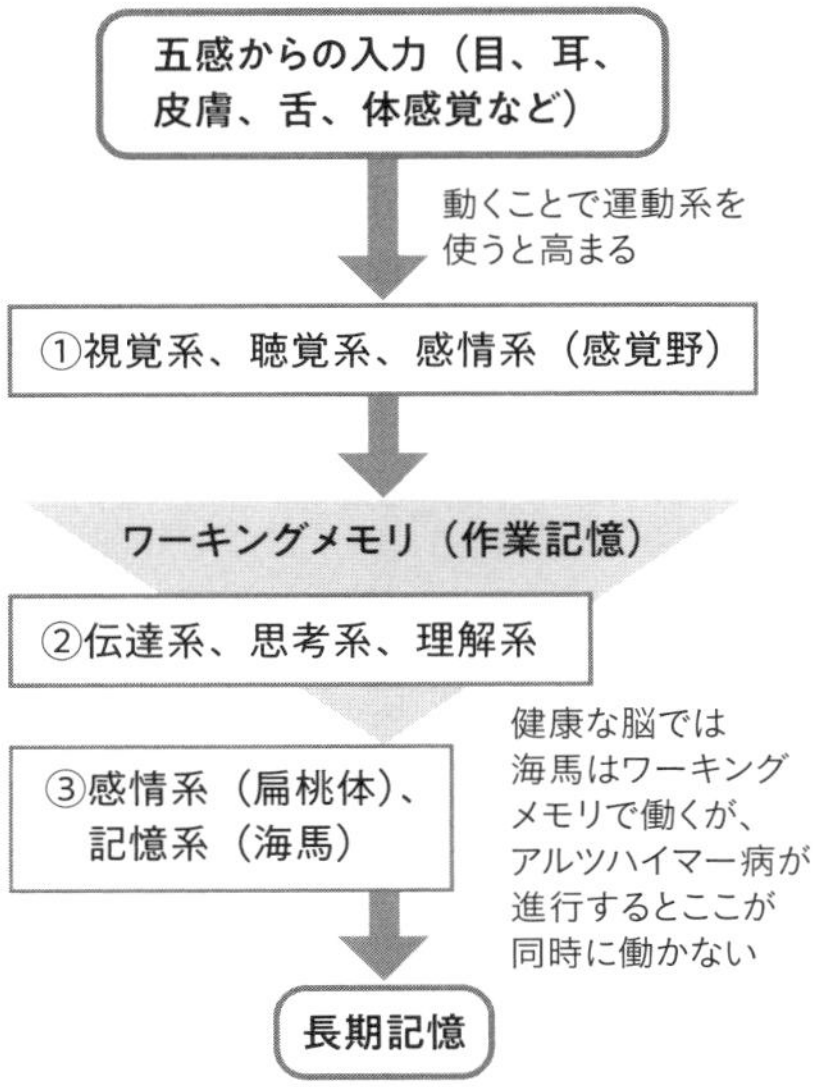

五感からの入力（目、耳、皮膚、舌、体感覚など）
↓ 動くことで運動系を使うと高まる
①視覚系、聴覚系、感情系（感覚野）
↓
ワーキングメモリ（作業記憶）
②伝達系、思考系、理解系
③感情系（扁桃体）、記憶系（海馬）
健康な脳では海馬はワーキングメモリで働くが、アルツハイマー病が進行するとここが同時に働かない
↓
長期記憶

を中枢として、伝達系、思考系、理解系の脳番地が活発に働きます。ですから、五感を通じて入力された情報は、ワーキングメモリが十分働かない状態では、脳に残りにくいことになります。

ワーキングメモリは、言語処理やイメージ処理に関わる何かの作業（ワーキング）をするために記憶（メモリ）する、あくまでも一時的な記憶です。

第三段階では、ワーキングメモリから長期記憶へ記憶の定着を推進していると考えられます。この長期記憶のための第三段階では、感情系、記憶系の海馬と小脳、さらに、深部皮質といわれる大脳基底核や視床、視床下部が関与します。

※ｆＮＩＲＳは、著者によって発見された方法で、頭皮上から近赤外光を用いて、脳の酸素消費量や血液量の変化を通じて脳機能を計測する手法。動いている人や赤ちゃんでも可能。ｆＭＲＩは、ＭＲＩ装置を使って、脳血流の変化を通じて脳機能を計測する手法。ＭＲＩ装置の中で横になってじっとしていなければならないが脳の奥まで計測可能。

カギは「長期記憶」にあり

長期記憶はいわば、その人の人生の歴史であり、生きるために必要な記憶です。「宝物」もあれば、実はあまり重要でない記憶、イヤな記憶など、さまざまなものが混在しています。近年では、深い徐波睡眠中（睡眠は、レム睡眠とノンレム睡眠に分けられる。ノンレム睡眠中に徐々に睡眠が深くなり約1ヘルツの脳波を呈する状態を示す）に整理されて長期記憶として定着されていることも示唆されています。

私たちはその長期記憶の中から、必要な記憶を取り出して物事に対処して生活しています。それだけでなく、過去の記憶（出来事や知識）を参考にして、新しい経験や知識を創造し、「未来の記憶」をつくり出してもいます。

単なる出し入れの作業だけでなく、もう一歩進んで、**自分なりの長期記憶をいかに集めて、その中で取捨選択できるか。それが、「捨てる脳」にとって大きなポイント**となります。

整理されて充実感のある長期記憶になっていると、ワーキングメモリもどんどん働きやすくなり、かつ長期記憶が定着しやすくなります。定着すると、「覚える」「思い出す」ことがしやすくなります。脳の健康寿命にも影響しますし、なにより自分自身の能力や自己肯定感がアップしていきます。

ワーキングメモリは意識のレベル（覚醒レベル）に支配されている

ワーキングメモリは、人の意識に大きく支配されています。たとえば、眠気のある状態では、うまく思考できませんよね。これは、脳の覚醒が低下することで、ワーキングメモリのキャパが小さくなっている状態です。ワーキングメモリのキャパは、知能検査の1項目として数値化され個人差があるだけでなく、意識レベルによっても変わってくるのです。

また、過去を思い返してイヤな気持ちになるということは、ワーキングメモリにその過去があがっているということです。

お伝えしたように、ワーキングメモリの容量には限界があります。それなのに、イヤな気持ちになるような記憶が占める割合が多いと、気分よく過ごせません。

たとえば全容量のうち、本来やらねばならない仕事で8割、残りの2割は悩みごとが占めていればまだいいですが、それが肥大化してしまい、悩みが6になると、仕事に使うワーキングメモリは4しかありません。悩みごとが占める比率が高くなると、容量が残されていないので、やるべきことができなくなってしまいます。

ですから**日ごろから、ワーキングメモリに影響を与えない程度に悩みを捨てておかないとならない**のです。ちゃんと捨てていれば、ワーキングメモリにゆとりができるので、頭がクリアになり、仕事はもちろん、家事も社会活動も、いろんなことがテキパキ処理できるようになります。

ワーキングメモリには、やりたいこと、やってみたいことなど、前向きになれるものの比率を高めるようにしておくことがポイントです。つまり、前向きになれる記憶を集めておくということです。

長期記憶が整理されていて、あいまいさをなくしておけば、思い出したくないことが意識にあがってきても、気持ちの整理がつきます。「あのときは、しょうがないんだよ。私も調子が悪かったし、休むしかなかったし」とか「あのときは、あの人とは縁がなかったんだよ」というように考えることができ、それ以上とらわれずに、やるべきことに淡々と進めます。

ところが、いろんなことで頭の中がごちゃごちゃして「いや、あのときこうなれば今の私はなかったはずだ」とか「もっとよくなったはずだ」となっていたら、そこに意識を奪われたりします。また、ワーキングメモリから長期記憶への移行期には、海馬や脳の深部が継続して働いており、「バックグラウンドジョブ」（このことは、拙著『「脳番地」を強くする』（日本実業出版社）に詳しい）に無意識レベルで脳活動が継続することで、今やるべき仕事が進みません。コントロールできない状態になってしまいます。この状態が継続している場合には、注意力が低下して、ADHD（注意欠陥・多動性障害）症状と類似の脳状態を来している可能性があります。

長期記憶のトレーニング法①

では、長期記憶を鍛えるにはどうすればよいのでしょうか。

キーワードは「繰り返し」「じっくり」です。同じことを一定期間続けて行なったり、何かに注意を向けてじっくり行動したりすると、長期記憶が定着しやすくなります。

20年以上前から行ってきた著者の研究では、ワーキングメモリから長期記憶への移行期が重要になります。この移行期、すなわち、39ページの図に記載した記憶の第三ステージです。「繰り返し」「じっくり」することで、記憶の定着に関与する海馬や小脳の長期延長反応（サステインドリスポンス(※)）を引き出すことができます。

たとえば、**資格取得を目指す**といったことです。学んだ内容を新鮮なうちに反復し、毎日コツコツとその内容を脳へと送り続けるとサステインドリスポンスが起こりやすくなり、長期記憶として定着させることができます。

学生時代、クラスの数人は記憶力がいい人がいたと思いますが、そういう人は、記憶の第一ステージとして授業中に先生の話をよく聞いて、記憶の第二ステージとして先生の発言を頭の中で反復して短期記憶しているのだと思います。逆にこの第一、二段階で十分な情報を得て、さらにワーキングメモリに記憶することができない人は、先生の話をすべて捨てている、集めていないと言えます。

またワーキングメモリによる短期記憶というのは、あることだけをインプットするのではなく、思考しながら、あるいはこれまでに得た知識や、感情、状況などと連動させながら、**ストーリーを理解してインプットする**としっかり覚えることができます。

これはまさしく、理解系、思考系、伝達系など複数の脳番地を使った作業になります。その意味ではモノづくりは、行動記憶を定着させる訓練にもなります。完成形をイメージしながらモノをつくるということは、その過程で思考力を使って「これはこうしたほうがいいかな」「この部分は余計だな」などと、取捨選択をしていることになり、視覚系、思考系、理解系の脳番地が、海馬や小脳とともに連携して働くことで記憶が定着しやすくなるのです。

※サステインドリスポンスとは、著者によって発見された記憶の生理現象で、人が記憶する際に、複数の脳番地を使って情報を処理して最終的に海馬や小脳が無意識下で、他の脳番地よりも長く情報処理をする反応。

長期記憶のトレーニング法②

デジタル機器とたまに距離を置くことも、ぜひチャレンジしてみてください。

コンテンツそのものを見るのがいけないということではなくて、脳のワーキングメモリの使い方が、これでもか、これでもか、と止めどなく機械的に、生物AIのようにさせられていることが問題だということです。

スマホの画面をどんどんタップしたり、SNSを次々チェックしたりと、短時間で情報をインプットしているだけに過ぎません。それは処理しているだけに過ぎません。すると、海馬や小脳のサステインドリスポンスが起こりにくく、短期記憶から長期記憶への移行にはなりにくいのです。

長期的に記憶が蓄積されないので、こうしたことを続けているとワーキングメモリの酷使が継続するだけで、脳の成長には繋がらず、捨てるどころではなく捨てるものが蓄積されない脳になってしまいます。

脳はとても敏感なために、次々とタップするだけでは、眺める作業、または、眺め確認作業になってしまいます。情報入力中に、海馬がしっかり同時に働かず、記憶に残らないのです。

これは、まさしくアルツハイマー型認知症の症状が進み、他人と会話をしても、「アレ、ソレ」が起こる症状と同じなのです。海馬が萎縮して、会話中に働かないために、時間が経過したときに記憶していないためにこうなってしまうのです。

また、文字を手書きしようとして、「あれ……漢字を忘れちゃった」となる人も少なくないと思います。それはメールやＳＮＳばかりをしていて、手書きをする機会が減ったためにほかなりません。繰り返し使っていないと、脳はすぐに忘れてしまうのです。

そういった理由から、たまにはデジタルから一定の距離を置く、**具体的には、スマホを持たずに散歩をする、山歩きをするなど、自然の中に身を置くようにする**といいでしょう。

そうした行動をしているときも、もちろんワーキングメモリを使っているのですが、デジタルを駆使するためではなく、自然な行動をするために稼働させているので、脳にとっては負担が少なく心地よいはずです。

人間の脳は、自然現象と向き合ってきた長い歴史がありますが、人工物への向き合い方にはそれほど歴史はありません。脳のつくりは、まだそこまで準備ができていないため、あまりにもデジタルな環境に長時間身を置くと疲れ切ってしまいます。

しっかり五感に注意を向けるという原始的な行為は、ワーキングメモリによって、海馬のサステインドリスポンスが起こるように回復させるためにも、ワーキングメモリを休ませる方法としても、最適だと思います。

記憶するには時間がかかる

ワーキングメモリは、「見る」「聞く」など数秒の短時間の操作をしますが、一方で、人間の記憶力の定着や理解すること、感情の醸成をするには、数分、ときには数時間以上もかかります。

たとえば私は、夜原稿を添削していて、「終わった」と思って寝たのですが、翌朝起きたときに「いや、なんかちょっと足りてないかも」と感じて、修正したことがあります。

実は寝る前の夜7時くらいに「修正したいな」と思ってはいたのですが、実際に修正することができたのは、翌朝8時です。実に13時間かかったことになります。その13時間の間にやっていたことは、寝ること、起きることぐらいでしたが、よく理解してよく考えるには、時間の流れが必要だということを実感した出来事です。

「快・不快」の感情系にも左右される？

記憶系脳番地のほかに、「捨てる脳」にとって比較的大きく影響を与えているのが、「快・不快」の感情に関係する感情系脳番地です。

自分の「快・不快」もそうですが、特に家族など同居人がいる場合に、自分と相手との「快・不快」の差が「捨てる脳」に関わってくるので、なんともややこしい場合もあります。

「捨てられない脳」の人は「不快」の感度が鈍い

たとえば「片づけて！」「こんなの捨てて！」と、家族に口を酸っぱくして伝えても、なかなか実行してくれなくて困る、というのはよく聞くお悩みです。家族が絡んで「捨てられない」ということを、深掘りすると、結局はここに行き着くと思います。

つまり**「快・不快」の感度の違いがある**、ということです。同じ状況に身を置いていても、こちらは不快に感じているのに、相手は不快には感じていない、ということです。

たとえば冷房をかけている部屋で、自分は「寒い」と感じているのに、パートナーは「これでも暑いくらい」という。

あるいはお茶わんを床に落としてしまい。フチが欠けてしまったときに、自分は「危ない」「見た目が悪い」から捨てようとしても、夫は「この程度であれば、注意していればまだ使える」「このくらいなら見た目も悪くない」と使い続けようとする、といったことです。

そう考えると捨てられない人というのは、モノや散乱している事象に対する「不快の感度がない」、あるいは「感度が鈍くなっている」、よくいえば「不快の許容範囲が広い」と言えます。

「捨てる脳」の人は強迫的な傾向あり？

一方「捨てる脳」の人は、「きれいなほうがいい」という場合もあるでしょうが、むしろ、「無秩序なモノが散乱しているのがイヤ」というように、**「不快感から脱したいから捨てる」**のかもしれません。

たとえばノートに貼った付箋の位置をきれいに揃える、洗濯物を種類ごとにビシッと干さないと気がすまない、という人は、概して片づけ上手、捨て上手ではないでしょうか。

片づけ上手、捨て上手はすばらしいことに違いありません。ただ、強迫性障害、強迫性パーソナリティー障害、自閉スペクトラム障害の疾患の人には、こうした秩序や対称性を好む傾向があることがわかっています。そのことを、記憶にとめておくといいでしょう。

私自身にも強迫的な傾向があると自覚しています。それは物理的なモノに対してではなく、「脳科学」に対してです。脳についてモヤモヤしていてわかりにくいことがあると、とことん解明してスッキリさせたくなるのです。

つまり、私にとって「わかりにくさ」が不快に感じるということです。それなら、雑然とした自分の部屋もスッキリさせられるのではないかと、自分でも思わなくもないのですが、そこは優先度の問題になります。

私にとっては、脳科学のモヤモヤの解を見つける方が優先度は高く、物理的なモノについては不快の限界にまでこないと、手をつけようとは積極的には思わないのです。

言い訳に聞こえるかもしれませんが、「捨てる・捨てない」の背後には、そういう基本的な「感情の快適さ」があるのだと思います。

寛容な人ほど捨てにくい？

実際、「感情の快適さ」が、判断や行動に影響を与えることがわかるような研究もいくつかあります。

米国、バックネル大学のエヴァンスらの大学生を対象に実施した〝連想の研究〟（参考文献4）では、楽しい顔よりイヤな顔を早く整理整頓するほうが、反応速度が速いという結果が出ています。すなわち、「好きなモノを選ぶ」より、「嫌いなモノを選ぶ」ほうが、人間は速く判断できるということです。

そう考えると、**嫌悪感が生まれる人ほど捨てやすいし、イヤなモノは早く目の前からなくしたい一方で、包容力があり、寛容な人ほど捨てにくい**、ということが言えそうです。

「捨てる」ということは、「記憶」に大きく依存する行為ですが、それだけではなく、「快・不快」という感情にも左右されるということです。

しかも、私の例でおわかりのように、その快・不快の感度が、情報なのか、あるいは物理的なモノなのかによって、同じひとりの人間でも違います。対象によって、捨てやすさも異なるということです。

物欲が乏しい人はモノが少ないと言われています。それは裏を返せば、快・不快の感度が乏しいからとも言えそうです。ただ、捨てすぎるのもどうかと思います。それについては追って説明します。

「捨てる脳」の5つのメリット

ところで、そもそも「捨てる脳」になると、どんなメリットがあるのでしょうか。「ワーキングメモリに余力ができて、頭が働きやすくなる」ということはお伝えしましたが、そのほかにも、さまざまなメリットが得られます。ここでは主な5つのメリットを紹介します。

①　自由が手に入る

たとえば食器棚に入っているコップを想像してみてください。そこに入っていたコップを1つ捨てたとします。捨てる前は、食器棚の一部の空間が、そのコップで占められていたわけですが、捨てることで、物理的にその分、空間ができました。

もちろん、食器棚自体の広さは変わりませんが、使えるスペースが増えたことになります。そのスペースが自由に使えるようになったのです。

このように物理的にモノを減らすと、当然ですが、空間の自由度が高まります。空間の自由度が高まると、頭の中も「そこは自由にしていいんだ。あのお皿を入れようかな。この小皿にしようか。それとも空いたままのほうがいいかな」などと、選択肢が広がります。

そうやって考えること自体が、実は脳トレになっています。それによって脳にもう一回スイッチが入り、次にスペースができたときもイメージすることができ、「捨てたあとにどれを入れようかな」と、考える習慣がつきます。積極的かつ自由に、うまく情報を集めるような脳の準備が整うのです。

② 脳がリフレッシュする

人の脳はもともと「集める脳」になってはいますが、年齢とともに、「集める」ことが負担になってきます。

最近は政府の後押しもあって「リスキリング（学び直し）」をする人も増えているようですが、新しいことを学習しようとしても、若いときのようになかなか身につかない、と嘆く中高年も少なくないのではないでしょうか。

ただ、私はここで無理して「集める」ことを意識しなくてもよいのではないかと思います。むしろ「集める」のではなく、まずは、今あるモノを「捨てる」ことを意識したほうがいいのではないでしょうか。そうすれば、脳はリフレッシュして機能回復することが期待できます。

実際、私は段ボールなどを捨てたりするときに、不思議とやる気が出てきたり、元気になったりします。「いらないモノを捨てた」と、やりきった感が生まれるのです。

不要なモノ、余計なモノを捨てたら脳が元気になっていくことを実感しています。

③ 自分が成長したと感じる

さらに、これも私の実体験ですが、「いらない」と断定することによって、自分が必要だった時期から進歩し、成長したように自己評価できるのです。そのメカニズムは次のように考えられます。

いらなくなったということは、かつては「必要だった」わけです。でもそれが必要ではなくなった。それは、自分の状況がそれを必要としない状況に変化したから、もっといえば成長したからと言えます。

すなわち「捨てる」という行為ができるということは、「成長した証し」と言えるのです。

逆に、必要なくなったのに、いつまでたっても「捨てない」ということは、ある意味、思考停止の状態です。

もともと「必要だったモノ」が、「必要でなくなったかどうか」ということを判断せずにそのままにしていること自体が、脳がマンネリ化してしまっている証拠です。

かつては自分にとって必要だったモノが、「今でも必要なのか、必要じゃないのか」を自分で判断して決めることは、人生の岐路に立ったときにも必要な力です。

その判断をすること自体が、脳を活性化するトレーニングにもなっています。

④ 新しいことを生み出せる

特にビジネスにおいては、集める力、捨てる力は重要なスキルとなります。実際、新しいビジネスに成功する人は、その他の事業はすべて捨てて、その事業に絞り込んで邁進（まいしん）したケースが多いようです。

それは、１つに集中したことが奏功したのかもしれませんが、加えて、何を残して何を捨てればいいかがわかっていた、取捨選択をしっかりやっていたことも大きく影響しているのではないでしょうか。集中すべき点が明確にわかっていたということです。

実は私も似たようなことを実感しています。私は、世の中の医師ができることはほとんどやっていません。そこは世の中の医師に任せて、誰もやれない・やらない医療分野に取り組んでいます。

そうすると、自分しかできない医療テリトリーがどんどん広がってきます。人がやっていないテーマを決めること自体が、もう「捨てる脳」になっているのではないかと思っています。

つまり「捨てる脳」になると、新しいこと、イノベーティブなことが生まれやすい、新規開発力が出てきやすくなるのです。

⑤ 自分らしく生きられる

成長するためにさまざまなものを集めている私たちの脳ですが、お伝え済みのように現代は、それに加えてインターネットやSNSなどから、実に多彩な情報も否応(いやおう)なく入ってきます。

集めるつもりはなくても、タイトルに引かれて、つい見てしまうこともありますよね。特にお子さんをお持ちの方は、子育て情報や教育情報が気になるのではないかと思います。

ただ、それらの情報に振り回されてはいないでしょうか。「〇〇がよさそうだ」と聞くと、よく確かめもせずにすぐに飛びついたりしていませんか。

よく見聞きするのが、ママ友間でのやりとりです。「あそこの子はあの進学校に行くみたいだから、うちもがんばらなきゃ」など、周囲の情報に振り回されている親御さんが少なくないように感じます。

もちろん学歴を得ようとすることは悪いことではありません。ただ、〝みんな〟が流れていく方向を捨ててないことが、ちょっと心配になります。親が〝みんな〟のほうを向いていると、子どももそうなってしまいます。

その子は別の方向に本当は進みたい、別のやりたいことがあるのに、その本心を言えなくなってしまいます。そのまま成長してしまうと、それは自分の人生を歩んでいることにはなりません。

もしかしたら親御さんもわかってはいるのに、どんどん押し寄せてくる流れになかなか逆らえない、捨て方がわからなくなっているのかもしれません。

あるいは友人何人かで旅行に行ってお土産屋さんに入ったとき、友人たちはお勧めの食品を買ったけれど、自分は必要ないと思いつつ、〝みんな〟が買うから買っちゃった、なんて経験をお持ちの方も多いのではないでしょうか。帰宅後、「なんでこんなのを買っちゃったんだろう……」と反省しても後の祭りです。

意志が弱いといえばそうなのですが、これも〝捨てる〟ことができないために起こることです。

情報や付き合いに振り回されないよう、適度に捨てないと、自分らしく生きることが難しくなります。それが今の世の中の問題点の1つではないかと思います。

そうしたことをラクに捨てられるようになり、自分にとって本当に必要なものは残し、そうでないものはうまく捨てられるようになる。ひいては、生きるための芯が確立し、自分らしい人生が歩めるようになる。

それが「捨てる脳」の最大のメリットと考えています。

column①

捨てられない男、捨てられる女

男性は過去を捨てられないが……

男性は、視覚系脳番地が女性よりも発達しています。コレクションをする男性が多いのも、その現われではないでしょうか。集めたモノを眺めるだけで満足することが多く、一生懸命集めたモノを簡単に捨てるわけがありません。過去の栄光、権威や名誉にもこだわるなど、過去に得たものに執着してしまうのも男性に見られる傾向です。

そうなると、モノは過去に紐づいているので、モノもなかなか捨てられなくなります。実際、別れた恋人からもらった品々を捨てないでとってある、という男性も結構いるのではないでしょうか。

一方、女性は、男性より言語能力、聴覚能力が優れています。脳番地でいうと、聴覚系です。女の子が小さいときからおしゃまなのは、耳の発達がよく、聞いたことを忘れにくいからでしょう。妻が「あのとき、ああ言われて傷ついた」と昔のことを蒸し返す一方で、夫は「何をいまさら……」となってしまうのも、女性が言語系が強いからこそ。女性は経験したことを言葉であとから延々と反すうするのです。一度耳にした自分への悪口はなかなか忘れませんし、人のウワサは何倍にもふくれあがってしまうこともあります。

ですが、目で記憶することが苦手、つまり視覚系脳番地が男性よりも弱いので、昔の恋人からもらったモノも「これ、なんだっけ？」と、あっさり捨てることができます。

女性はリセット習慣があるから捨てやすい？

もうひとつ興味深いのは、男性はひとつのことに集中して作業をする傾向が強く、女性はさまざまなことを同時並行的に処理できる点です。

近年は男性も家事育児を担うようになってきてはいますが、これまで女性はさんざん家事育児その他を担ってきました。それが長期記憶となっていて、結果的に女性のほうがマルチタスクをこなせるようになっているのでしょう。

つまり、女性のほうがワーキングメモリを上手に使っていることになるので、今の時代を生きやすいのではないかと思います。ホルモンの周期に毎月影響されて、リセットされている生理的な影響もあり、リセット習慣が定着しやすいことで、容易に「捨てる」ことができる脳になっているのだと思います。

第2章

「捨てる脳（＝大事なものを残せる脳）」に変わる秘訣

「捨てる」とは、裏を返せば**「大事なものを残す」**行為です。そして、「大事なものを残す」ことができれば、人生が豊かになるのは間違いありません。

「捨てたいモノ」には記憶別に3つのランクがある

あなたは何を「捨てたい」「捨てなきゃ」と思っていますか。
たとえば、カバンの中になぜか溜まってしまうチラシなどの紙類。
あるいは、使い古してヨレたTシャツ。
はたまた、子どもの保育園や幼稚園時代の絵や工作物……。

チラシは捨てられるが、子どもの作品は捨てられない

チラシであれば、その気になれば、今すぐにでも捨てられますよね。ただ、クーポ

ンなどお得情報がついていたりすると、なんとなくカバンから出さないままになってしまうこともあるかもしれません。

これは「カバンから取り出して捨てる」という行動さえ起こせば、今すぐにでも捨てられます。それができないということは、**運動系脳番地**がうまく働いていないため、捨てられない状態が続いていると言えます。

Ｔシャツは、ヨレてはいるけれども、もし、親友からのハワイ土産であれば、捨てるのをためらってしまいそうです。

Ｔシャツを捨てたことをその友人に知られたら、関係性が悪化するような関係なのか、捨てたことで自分が罪悪感を覚えてしまうのか、それとも「ヨレるまで使い切ったから使命を終えた」と、友人との関係は別ものとして考えるのか、あるいはヨレヨレでも残すべき大事なモノなのか……そんなふうに、友人のことを思い浮かべながら、**思考系脳番地**を働かせて、自分が納得のいくように考えることです。

一方、そのＴシャツが推しのアイドルのライブで入手したレア物であれば、どんなにヨレていても残しておきたいと思うだろうし、景品としてもらったデザインが趣味でないモノであれば、比較的ラクに捨ててもいいか、と決断しやすいでしょう。

子どもの作品は、やっぱり愛着があるし、子どもが成長したときに見返すと楽しいかも、なんて思ったりして、なかなか捨てられませんよね。

こうしたモノについては、私はスペースに問題がなければ捨てなくてもいいと思っています。子ども時代は一度きり。そのときのわが子の姿を思い出すことによって、気持ちが穏やかになるのであれば**「残す」選択もアリ**です。もしくは、しばらく時間が経ってから、再度考えてみてもいいと思います。

「記憶」には「感情」が紐(ひも)づいている

そんなふうにモノによって、「捨てられない理由」=「残しておきたい理由」はさまざまです。あなたとの関係性、対象となるモノとの歴史、すなわち記憶によって、「捨てたい」「残しておきたい」という感情が起こります。

そう考えると、**「捨てる」には、記憶に拠るランクがある**ことに気づきます。

脳科学的な記憶のメカニズムの視点で考えると、次の3つに分類できます。

直近記憶：「すぐに捨てられる」Aランク
↓目で見たり耳で聞いたりしたときに、即座に捨てられるモノ

第一次情報（視覚系、聴覚系）として入ってくる〝直近の記憶〟に基づいて、「不快感」があれば、すぐに捨てるようにして、先送りしないことがポイントです。「汚いな」などモノに対する感覚のほか、「人のウワサなど聞いていて不愉快な情報」も、すぐに捨てたほうが賢明です。

視覚系、**聴覚系**、**感情系の中の感覚野**、**運動系の脳番地**が大きく関係しています。

ワーキングメモリ：「期限を決めて考えて捨てられる」Bランク
↓捨てるかどうか考えて判断して捨てる。つまりワーキングメモリの処理が非常に必要なモノ

その対象物と自分との記憶をよみがえらせたりして、少し理解する時間を要します。しっかり判断できるには、脳がスッキリしていることがポイントです。

捨てていいかどうかを判断するのは思考系ですが、それ以前に、それがどういうモノなのか、つまり自分との間でどんな歴史があるのかを「理解」したうえで、「捨てる」という判断をすることになります。

そのためワーキングメモリを結構使います。理解しないと捨てられないモノは、ものすごく頭を使うということです。その結果、「やっぱり捨てないでおこう」となってもOKです。

関連する脳番地は、**理解系、思考系、記憶系（行動記憶）、運動系が中心**になります。

長期記憶：「時間をかけて捨てられる」Cランク
↓持ち主との「記憶」や「感情」がリンクしていて、捨てるまでに時間がかかるモノ思い出があったり、長く使っていて愛着が湧いたりと、記憶と感情にリンクしている長期記憶が強く関わるＣランクのモノは、脳が処理するのにとても時間がかかります。なので、急がず時間があるときに処理すればいいと思います。

自分の人生とともにあるような、いわば「人生アルバムに関係しているか」で判断するといいでしょう。自分の人生の中で「記憶として残しておきたい」と思えるのかどうかということです。

ただ感情というのは、なかなか摑みどころがないものです。同一人物であっても常に感情が一定しているとも限りません。そもそも「捨てる」に限らず、自分が今、どういう感情を抱いているのか、客観的に判断することは難しいものです。ですから、**何らかの感情を感じるような場合は、いったん「保留」にしておく**といいでしょう。

関連する脳番地は、**主に記憶系と感情系**です。**理解系、運動系、思考系**も関係してくることがあります。

捨てたいモノと記憶別の3ランク

	定義	捨てづらさ	関連する脳番地	対策
A：直近記憶	即座に捨てられるモノ	目で見たり耳で聞いたりしたときに不快感がある。捨てるのが前提	**視覚系、聴覚系、感情系(感覚野)、運動系**	先送りしない
B：ワーキングメモリ	日常生活の中で、記憶をよみがえらせ、理解して、捨てるかを判断するモノ	ワーキングメモリの処理が非常に必要。全部捨てるわけではなく残す判断をするモノもある	**理解系、思考系、記憶系(行動記憶)、運動系**	判断する時間と脳がスッキリした状態を確保する
C：長期記憶	思い出のあるモノや長く使っていて愛着が湧いているモノ	脳が処理するのにとても時間がかかる。心が動くモノは、捨てすぎると認知症になる	**記憶系、感情系**、理解系、運動系、思考系	人生アルバムに関係しているかで判断。ときには、いったん保留にすることも必要

※ＡＢＣは記憶系がどれくらい関与するかに基づく分類。Ａ＜Ｂ＜Ｃの順に関与が強くなる

※運動系はＡＢＣすべてに関わる。 運動系次第で、Ａ、Ｂ、Ｃの記憶の質が変わる

冒頭の例でいうと、チラシはＡランク、Ｔシャツは Ｂランク、子どもの作品はＣランクとなります。

留意しておきたいのは、**いずれの記憶別ランクにおいても運動系脳番地が関わってきて、運動系次第で、Ａ、Ｂ、Ｃの記憶の質が変わることがある**、ということです。

具体的にいうと、直近記憶のＡランクは、「捨てる」という行動をしているのですから、運動系を使っている最中であり、ワーキングメモリを使うＢランクにおいては、「次の行動」を選択するときに運動系を活性化することになります。

長期記憶のＣランクでは、過去に、旅行・体験・イベント・会話など、運動系を使った物事や出来事のほうが、長期記憶として強く残りやすく、また当時使っていたモノを見て思い出しやすいですし、心が動きやすくなります。逆にあまり運動系を使わない思い出のモノ……たとえばインターネットで注文したモノや、人からのお下がり品などは、思い入れはあまり強くないので、ラクに手放せます。

何でもかんでも捨てるのではなく、あくまでも、自分の脳の仕組みを使って、モノと脳の関係性を踏まえた上で、捨てる仕組みを自覚することができれば理想です。

「捨てる脳」の「3つの心得」

「捨てたいモノ」を記憶別3ランクの
直近記憶（Aランク）＝即座に捨てられるモノ
ワーキングメモリ（Bランク）＝考えてから捨てるモノ
長期記憶（Cランク）＝すぐには捨てられないモノ

に分けてみていくと、「捨てる脳」になって「大事なものを残す」コツは、次の3つにまとめられます。

1．枠を決める（Aランクのモノを中心に、それ以外のモノでも）
2．保留もOK（Bランク、Cランクのモノが中心）

3．記憶や感情とリンクしているモノはすぐに捨てない、残すのもアリ（Cランクのモノが中心）

心得　①枠を決める

最初の「枠を決める」ということは、「捨てる基準」や「残す基準」を自分なりに決めておくということです。これは、実際には、すべてのランクのモノに関わってくることですが、特にすぐに捨てられる・捨てたい「直近記憶（Aランク）」のモノについて、心得ておきたいことです。

すぐに捨てられるのに捨てられないというのは、枠を決めておくことで、それ以上集まることを防ぐことができるからです。ゴミ屋敷にしないためには、まずはこのランクを捨てることが最重要ポイントになります。

また**基準をつくっておけば、悩まずに「捨てる」行動がしやすくなります**。なので、時間が経つと価値がなくなるモノについても適用できます。自分のライフスタイルに合わせてルール化するといいでしょう。たとえば以下が考えられます。

・財布の中のレシートは毎週金曜日に整理する
・DMやチラシは部屋に入る前に破棄する
・1年間読み返さなかった本は捨てる
・2年以上着ていない服は誰かにあげるか処分する

自分にとって「枠とは何か」を考えること自体が脳を働かせる作業です。何より自身の価値観に気づけます。「捨てる」ことについてだけでなく、日々の生活をよりよく変えていけるきっかけにもなります。

逆にいえば、枠を決めない、基準を決めないということは、それだけ脳を使っていないと言えます。基準を決めないことは、捨てるシーンにおいてだけでなく、人生のさまざまなシーンに影響を与えます。

というのも、基準を決められない人は、「自分がどうしたらいいか」がわかっていないということとも言えるからです。「自分がしたいこと」が明確であれば、それを基準にして、自分の行動を決めることができます。

「捨てる」こともその発想で「自分はこうしたいから、これを捨てる」となればいいのですが、**どうしてもできない場合は、逆転の発想で、「残す」基準を決めてみてはどうでしょうか。**

何を残すか。何を大切にしたいか。何が自分にとってポジティブな影響を与えるか……そんなふうに考えていって「残す」モノの基準を決めるのです。そうすれば、それに該当しないモノは捨ててＯＫなわけなので、これを続けていけば捨てる力が身につきます。

心得　②保留もＯＫ

２つ目の「保留もＯＫ」というのは、「捨てるかどうか考えて判断して捨てる」ワーキングメモリ（Ｂランク）のモノ、あるいは感情が入っていて捨てる決心がつくまで時間がかかる長期記憶（Ｃランク）のモノが該当するでしょう。

人の感情というのは変わるので、時間の経過とともに、悩むことなく捨てられるよ

うになる場合があります。特に子どもに関連するモノについては、時間が経って子どもが成長すると、子も親も「ああ、これはもういいや」と、捨てる判断を容易にできるようになります。

あるいは、時間が経つことによって、何が入っていたか忘れてしまい、その結果、ラクに捨てられることもあります。

「これは仮置きにしよう」といって、なかなか捨てられないモノ、判断に困るモノを、段ボール箱に詰め込んで押し入れの奥にしまっていたりしませんか？　忘れたころにその箱を発見して、「あれ、これ何だっけ？　何が入っているんだっけ？」と、なったら捨てるチャンス到来です。

これは現物の場合ですが、脳の中に入っているものも同じです。それこそ、時間の経過とともに忘却の彼方へ去ってしまっていることも、多いのではないでしょうか。そうなるまで時間が経つのを、待つか・待たないかということもありますが、時間の経過を利用して捨てるのもアリです。

そもそもその程度の記憶に残らないものだったというわけですが。

ただし、スペースの問題もありますし、保留ばかりが増えるのも大変ですから、**「保留を判別する時期」を決めて、「保留」をいつまでも溜めないようにするのがコツ**です。

心得 ③残すのもアリ

3つ目の「記憶や感情とリンクしているモノ」というのは、まさに長期記憶（Cランク）のモノです。これらは、どうしても捨てるまでに時間がかかります。むしろ、楽しい思い出（記憶）があるモノは、人生の宝物と言えるので、捨てずに「大事なモノ」として残しておくことをお勧めします。

これは、自分の心の安定のためにはとても大事な心得です。

特に楽しい記憶がよみがえるようなモノは、「捨てすぎない」ことに留意したほうがいいでしょう。**記憶や感情に紐づいたモノは、捨てすぎると認知能力を低下させてしまう可能性がある**からです。特に50歳を過ぎたら、認知症を予防する観点からも捨てすぎに注意しましょう。

モノを見て記憶を呼び覚ますこと自体が、記憶系脳番地を刺激しているので、捨てすぎると、当然ですが、見ることも触ることもできないので、そのモノにまつわる記憶も失われてしまいます。

もちろん、モノを見なくても頭の中で思い出したりできればいいのですが、年齢とともに、脳内だけで記憶するのは難しくなります。ですから特に、愛着があるモノ、ポジティブな記憶をよみがえらせるモノは、残しておいたほうがいいのです。

3つの心得
心得① 枠を決める
残す基準
捨てる基準
即座に捨てられる
モノを中心に
それ以外のモノでも
心得③
残すのもアリ
心得②
保留もOK
ヨーロッパ旅行
楽しかったな～
1年後にまた
考えよう
保留

脳番地を動かして「捨てる脳」になる「8つの習慣」

「3つの心得」を頭に入れたら、次に、「捨てる脳」になるための具体策を、「8つの習慣」として身につけるといいでしょう。それぞれの習慣は、各脳番地に関連しています。つまり「捨てる」ことができるようになるだけでなく、脳番地も鍛えられるようになります。

8つの習慣をすべて身につけることが理想的ではありますが、一度にやるのは難しい場合は、できそうな習慣からトライしてみてください。

① 思考系脳番地
何かを買うときには「処分」のことまで思いを巡らせる

モノを買うときには、ドーパミンが出てワクワクするものですが、そのワクワクはその場だけの場合のこともあります。買って帰って「後悔した」ということを経験した人もいるのではないでしょうか。脳は「集める」ようにできているので、そうなってしまうわけですが、**何かを新たに手に入れるときは一度冷静に思考する**ことをお勧めします。

その際は「これを使ったあと、最終的にどうやって処分するか」ということまでを考えるといいでしょう。そうすると、「処分が大変そう」「そこまでして必要ではないな」と、考えが改まることがあります。

たとえば洋服なら「自分が使い終わったら〝いとこに譲れそう〟あるいは、〝フリマに出せそう〟なモノであれば買う」などと、自分なりの基準を決めておくと判断しやすくなります。こうして考えることは、思考系脳番地を鍛えることになります。

先の「３つの心得」の１つ目にある「枠」を決めるということにも関連しますが、

その枠外であれば「買わない」という選択ができるようになっていくでしょう。入り口で「集める」ことをシャットダウンできるようになるということです。

② 理解系脳番地
日ごろから「数」を数えるよう意識する

「捨てられない」大きな理由の1つは、「状況を理解できていない」ことがあります。「これがこうだから、こうなる」「こうすると、こうなる」と、**論理的な理解力を高めるには、物事を数値化することが効果的です。**

「数」は、量や個数、大きさなどを表すものです。物事を数える習慣をつければ、「これは昨日より多いな」「少なめだな」と分量を把握しやすくなります。そうなれば、自分の持ち物がどのくらいあるかということも意識するようになります。

「黒の靴下が10足もある」「ふたり暮らしなのにコップが30個もある」など、具体的に捉えることができ、「これは多過ぎだ」と気づいて「捨てる」という行動に繋がりやすくなります。

「数を数える」というのは、たとえば階段を上るときに段数を数えたり、スーパーのレジで並んでいる人を数えたりといった、日ごろのちょっとしたことでOKです。
また、モノを数えるには、必然的にそのモノをよく見る必要があるので、視覚系脳番地も強化されることになります。

③ 運動系脳番地
朝起きたら、まず身近な場所を片づけてから行動する

「捨てる」ということは、「ゴミ箱に捨てる」「ゴミ置き場に捨てに行く」「粗大ごみは役所に連絡する」というように、必ず動かねばなりません。しかし、「動くのがおっくう」な運動系脳番地が弱い人は、やる気が起きるまでに時間がかかり、「捨てる」行為にもなかなか至りません。

その場合は、**体を動かしてから捨てるとエンジンがかかりやすくなります。**なので朝起きたら、まずは身近な場所を片づけることを日課にするといいでしょう。たとえば、「布団をきれいに揃える」「テーブルの上を台ふきで拭く」「床を簡単に掃除する」「洗面所の鏡を磨く」など、無理なくできそうな小さな片づけがお勧めです。家の中のゴミをまとめるだけでもいいでしょう。家の中がきれいになり気持ちもスッキリして、気分よく1日のスタートをきれます。

④ 聴覚系脳番地
ラジオを聴きながら作業をする

家族から「捨てて」と言われてもなかなか捨てられないという人に、ぜひ身につけてもらいたい習慣です。単に「聞く」のではなく、「聞き取る」力が弱いために、人から言われたことに対して何度も聞き返したり、頼まれたことを忘れたりしてしまうタイプの人です。

ですから、ラジオも「なんとなく聞き流す」のではなく、**「聞き取ろう」と意識しながら、掃除をしたり料理をしたりするといいでしょう。**習慣化することで、人の話も注意深く聞くようになり、内容もしっかり理解できるようになるでしょう。

8つの習慣 ①～④ 伝達

①思考系

何かを買うときには
「処分」することまで
思いを巡らせる

②理解系

日ごろから「数」を
数えるよう意識する

③運動系

朝起きたら
まず身近な場所を
片づけてから行動する

④聴覚系

ラジオを聴きながら
作業をする

⑤ 記憶系脳番地
日記を書く

第1章でもお伝えしたとおり、「捨てる」にもっとも大きな影響を与えているのは、記憶系脳番地です。「何がどこにどれくらいあるのか」を思い出すことができないために、どんどん集めてしまうのです。どれが大切なのかわからなくなったり、「捨てる」と決めたことを忘れたりしがちです。

そうならずに記憶力を強化するには、日記を書く習慣をつけるのが一番です。その際は、**「自分の行動」と「そのときの気持ち」を一緒に書くようにする**と、感情と連動するので、当時のことを記憶しやすくなります。

日記は、ある程度溜まったら過去のものを読み返してみると、自己理解を深めることに繋がるのでお勧めです。

また、日記を書くこと自体が「伝える」練習にもなります。日記は一般的には、自分を落ち着かせるために書くもので、他人に見せることを前提としていませんが、「捨てる脳」を目指すためであれば、いっそ「他人に読んでもらう」ことを前提としてもいいと思います。

そうすることで、人にわかりやすく書こうという気持ちになるからです。家族にもわかりやすく「捨てて」と伝えられるようになるでしょう。伝達系脳番地も活性化されるので、一石二鳥です。

⑥ 感情系脳番地 朝起きたら「今日の楽しい予定」を考える

人は報酬があると動きます。つまり、それをやることでワクワクしたり、ごほうびをもらえると思ったりすると、積極的に取り組むようになります。

「捨てる」ことによりスッキリする、という大きなメリットは確かにあるのですが、「捨てる」のが苦手な人は、そのようには感じないわけです。感情が乏しくなってきていると言えます。

そんな人は、まず朝起きたら「今日の楽しい予定」を考える習慣をつけるといいでしょう。

「楽しい予定なんて、そんなに毎日ないよ」という人もいるかもしれません。しかし、小さなことでもいいのです。「今日のお昼はおいしいものを食べよう」「駅に行く途中のあの家の庭にはどんな花が咲いているかな」など、**「気持ちが明るくなること」を見つけるように意識**すれば、特別な楽しみがなくてもワクワクと過ごせるようになります。要は心の持ちようだということです。

そうして「自分にとって楽しいこと」「幸せだと思うこと」を理解し、「快・不快」の感覚をしっかり研ぎ澄ますようにすれば、「快」なモノは残して、「不快」なモノは捨てるということがやりやすくなるでしょう。

⑦ 視覚系脳番地 デジタル機器ではなく外を眺める

スマートフォンやタブレットなどデジタル機器が主流となった今、人々の視野は狭くなってしまっていると感じます。デジタル機器は画面のスペースが決まっているので、見える範囲が限定されてしまうからです。知らない間に視覚系脳番地が衰弱しているということですが、そうなると、不要なモノ、捨てるべきモノを見つけにくくなってしまいます。

視野を広げること自体は簡単です。デジタル機器を見る時間を減らして、できるだけ遠くの風景を見ればいいのです。ただ、デジタル機器が生活の隅々にまで浸透している今は、それを実行する意志を持って行動することは至難の業でしょう。

1日10分でいいので、窓の外の景色を眺める時間をつくりましょう。

また電車やバスに乗っているときは、スマホは見ずに窓の外を眺めることをマイルールにしてみてはどうでしょうか。その際、漠然と見てもいいですが、何かを探そうと見るほうが視覚系脳番地を刺激します。たとえば「赤いモノ」を探したり、「数字の5がつくモノ」を探したりするということです。

視覚系脳番地が強化されると、周囲を注意して見るようになり、不要なモノも目につきやすくなり、「捨てる」という行動に繋がります。

⑧ 伝達系脳番地
毎日「1日1捨て」宣言を家族にする

ゴミ収集の日ならともかく、慌ただしい日常では「アレを捨てよう」「これを処分しなきゃ」と頭では考えていても、なかなか行動に移しにくいものです。

そこで、毎日何かしらを捨てる「1日1捨て」を、毎日家族に宣言します。「今日は、紙袋を一袋一杯分、捨てる」「子どもの学校のプリント類をまとめて捨てる」「ペットボトルをスーパーの回収ステーションに持って行く」「ベランダの枯れ草をまとめて捨てる」など、**どんな小さなことでもいいので、「○○を捨てる」宣言を、朝食時などに家族の前でしてみましょう。**

あえて宣言することで、実行に移しやすくなり、チリも積もれば山となる、ですから、毎日少しずつ捨てることで、家庭内がだんだんとスッキリしていきます。

加えて今日1日の予定や、「○○さんに会う」といったことまでも家族に伝えることを習慣にすれば、緊急事態にも役立ちますし、コミュニケーションが円滑にもなるでしょう。

8つの習慣⑤～⑧

⑤記憶系

日記を書く

その時の気持ち

自分の行動

⑥感情系

朝起きたら「今日の楽しい予定」を考える

⑦視覚系

デジタル機器ではなく外を眺める

⑧伝達系

毎日「1日1捨て」宣言を家族にする

今日は学校の
プリント類を
捨てるね

第3章
「捨てられない脳」を記憶別に改善する脳番地トレーニング

ここからは直近記憶、ワーキングメモリ、長期記憶の3つの記憶別に、よくある「捨てられない」お悩み（事例・あるある）と、そのときの脳の状態や関連する脳番地（診断）を踏まえた上での対処法や脳番地のトレーニング（対策）などを紹介していきます。

また「捨てる」に関しては、自身が「捨てたいけれど捨てられない」と悩む場合もあれば、家族が「捨てられない」、あるいは家族に捨ててほしいけれど「捨ててくれない」という場合も多々あります。そのため、**3つの記憶別に紹介した後に、第4章で「家族が捨ててくれない場合」についてのお悩みと脳の状態と対処法も解説します。**

「捨てる」とひと言でいっても、何を捨てるか、その対象となるモノはさまざまです。「捨てられない理由」を考えたとき、関わってくる脳番地も変わってきます。

直近記憶「運動系を動かして今すぐ捨てる」

目で見たり、耳で聞いたり、手で触ってみたりしたときに、即座に判断して捨てることができるモノです。これらは「たった今」の記憶に基づくモノで、不快感、嫌悪感が生じたら、反射的に「捨てたい」と思うはずです。

直近記憶の問題で**特に重要なのは運動系脳番地**です。運動系脳番地が弱まっていると、そういうイヤなモノでさえ「捨てる」ことが面倒になってしまいます。先送りしないですぐ捨てることがポイントです。

【事例（1）】大事なモノは紛失しがちなのに、どうでもいいモノ（古いレシートなど）がずっとカバンに入っている。

運動系　**感情系**　**思考系**

診断　①「次の行動」が決まっていない→運動系

「どうでもいいモノ」が手元に残ってしまっている理由は、脳科学的にいくつか考えられます。

一番大きな理由としては、運動系脳番地の衰弱です。そもそも、レシートなどはその場で「いる・いらない」が判断しやすいモノです。それをわかっているのに、つい、先送りして「捨てる」というごく簡単な行動に移れないということは、運動系脳番地が弱まっている可能性が高いです。

また、「捨てる」という行為を分析すると、「次に何か行動するために、それが邪魔になるから捨てる」と言えますが、その「次」が決まっていないためにそのまま放置されてしまっていると言えます。これも運動系脳番地が弱まっていることに起因しています。

こうしたことは、予定が立てられていない、つまり「未来の行動に対する記憶」をしっかり持っていない、あやふやな記憶しかないときに起こりがちです。

逆にいうと、**捨てる人・捨てられる人は、次の行動が決まっている、次に向けて前向きになっている人と言えます。**本人は意識していなくても、です。

実は私も、先日コンビニで「割り箸はいりますか?」と聞かれて、ついもらってしまい、それがずっとカバンの中に入っていたことがありました。

ふだんであれば、もらってもカバンの中から比較的すぐに取り出して、使うなり、自宅の所定の場所に置くなりするのですが、それを忘れてしまったということは、次の行動に時間がちゃんと切り替わっていないということの現れなのかも……と反省した次第です。

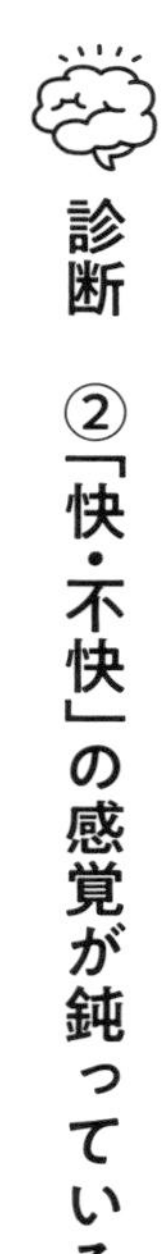

診断 ②「快・不快」の感覚が鈍っている→感情系

2つ目の理由としては、「快・不快」の感覚が鈍っていることが考えられます。「どうでもいいモノ」は、「不快」とまではいかないかもしれませんが、「快」なモノでもないはずです。

さらに、どうでもよくてもカバンの中に入っていれば、カバンを開けるたびに煩わしさを感じるはずです。そうした感覚が麻痺(まひ)している状態と言えます。

一般的に、「快・不快」の感覚は、感情系脳番地が受け取ったり、生成したりします。しかし、寝不足で脳が疲れていて、集中できなかったり、忙しすぎて自分の気持ちや他人の感情に、注意が向かなかったりした場合でも、「快・不快」の感覚は鈍感になります。その場合、思考系や視覚系の脳番地も、働きが限定的になってしまいます。

診断　③認知機能が低下している→思考系

３つ目の理由は、判断実行系の認知機能の低下です。物事の理解、判断実行機能は思考系脳番地が弱まっているために起こります。**「必要」「不要」という「分ける」作業ができていない**ため、「どうでもいいモノ」が手元に残ってしまっている状態で、自分の意思決定をハッキリさせていないと言えます。

実際、「捨てられない脳」の人の中には、コグニティブディクライン（Cognitive decline）、つまり認知機能が低下している人がいると思われます。

逆に言えば、捨てる判断をマメにしていれば、認知機能も衰えなくて済むということです。食欲が低下していたり、これまで興味があったものに一切関心がなくなり好奇心が低下したりする、といったことが２週間以上継続していると適応障害のサインで、判断力、実行機能は低下している可能性が高くなります。

「どうでもいいモノ」ではありませんが、気づいたら溜まっているモノに小銭があります。最近は小銭の両替にもお金がかかったりしますから、なるべく小銭を使用したいと思うのですが、つい面倒でお札で支払ってしまいます。するとさらに小銭が溜まってしまう。こうしていつでも溜まるようになると、私自身、認知機能がマズイかなと自戒しています。

対策 ①「マイルール」を決めて実行する！

「捨てる」という行動をすぐに起こせるようになるには、何より運動系脳番地をしっかり働かせることが第一です。**いつもより速く歩いたり、なるべく階段を使ったりして、運動系脳番地を刺激する**といいでしょう。

また、これらは「その場で処理をする」ということを決めていないために、対処することが先送りされてしまっている「あるある」です。

いかに「先送りすること」を捨てるかが、解決に繋がります。

具体的には、**「次の行動を決め（ルール化し）て実行する」**ということです。

そのルール自体を記憶しておくようにすることも大切です。「昨日のレシートは捨てる」など、ごく簡単なルールであれば、記憶することは容易かもしれませんが、続けていないと、うっかり忘れてしまいます。ルールを記憶しようとすることは、記憶系脳番地のトレーニングになります。

たとえばこの場合は、「カバンの中に入れるモノや、常に入っているモノ（スマホや財布など）を決める」「帰宅したらカバンの中を全部カラにする」といったことが考えられます。

自分の生活スタイルに合わせたマイルールを考えてみましょう。

ところが、そもそも自分で自分のルールを決められない人もいます。そういう人は、**自分がやるべきことや、自分の特性などをじっくり思い返すなどして、思考系脳番地を鍛える**必要があります。

この場合は、自分が日々どういう行動をしているか、カバンをどう使っているか、買いもの時はどうしているか（レシートを受け取るようにしているのか、その場合どこに入れているか）などを思い出してみましょう。それに基づいてルールを決めていきます。

またそれこそ「お札を出すのを控えて、小銭を数えて出すようにする」ことも、思考系脳番地のトレーニングになります。認知機能低下も防いでくれるので、「買いもの時は小銭を出す」をマイルールにしてもいいかもしれません。

対策　②手書きで記憶を定着させる！

さらに、ルールを決めたことはいいけれど、そのルール通りに動けない人もいます。この場合は記憶が定着していないということなので、記憶系脳番地を鍛えるようにしましょう。

先に、「自分の行動を思い出してルールを決める」と提案しましたが、一時的に思い出すだけでなく、**過去の楽しい思い出を時系列でまとめてみたり、日記を書いて振り返る習慣をつけたりすれば、記憶が定着しやすくなります。**

その際は、手書きすることがポイントです。書き留めることで、行動記憶や長期記憶のサポート役の小脳がしっかりと働き、書いた出来事となって記憶系脳番地を刺激するからです。マイルールを手書きでまとめ、常に見返すのもいいかもしれません。

あるいは、ルール通りに動けないということは、そのルール自体が無理な内容だったのかもしれません。やはり思考系をしっかり働かせて、「自分に適したルール」を考える必要があります。

【事例（2）】そもそも「捨てる」行動がおっくう（不要物をまとめる、運ぶ、粗大ごみ処理のため各所に連絡するなどが面倒）。

運動系

診断　脳への酸素不足でおっくうに→運動系

人間は酸素が足りていないと、行動が極めておっくうになります。たとえば鼻詰まりが多い人がマスクをしていると、ものすごく酸素が吸えない状態になり、動きが少なくなります。

動くとエネルギーを使ってしまうので、そうならないようエネルギーを使わないように自動的に減らす方向にいくわけです。ですので、酸素不足の人は、「動かないこと」が普通になります。

あるいは、ふだんから体を動かしていない人も、脳の中で運動系が弱っているので、

「活動する」という仕組みが弱まりやすくなります。

「行動することがおっくうだ」と感じる人は、**酸素不足の可能性があるので、鼻呼吸がちゃんとできるか確認してみてください。**マスクをしていると苦しくなる人や、落ち着かなかったり、気分がうつっぽかったり、花粉症で夜も眠れなくなっているといった人も、鼻呼吸がきちんとできていない可能性があります。口を閉じてみて、鼻がすんなり通らなければ要注意です。

もし、そうした傾向にあるならば、酸素不足にならないように意識して酸素を取り入れる生活を心がけましょう。

脳というのは、日ごろの生活習慣がものすごく影響します。コロナ禍だったということもありますが、家の中にずっといたり、運動していなかったりという生活は改めるようにしましょう。

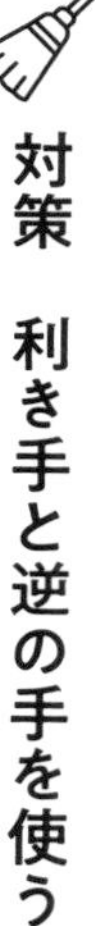

対策　利き手と逆の手を使う

運動系脳番地を強化するには、第一に運動をする習慣をつけることです。酸素を取り込むこともできるので、散歩や山登りはお勧めですが、なかなか時間がとれないという人は、日常の家事で運動系脳番地を刺激するようにしましょう。

習慣にしやすいのは、「利き手と逆の手を使って家事をする」ということです。家事というのは多くの場合、パターン化していますよね。そのほうが効率よく進められるからで、脳の中に「こういうときは、こうする」と回路ができあがっていて、それに従って行動すればラクなのです。

でも逆にいえば、いつも同じ回路を使って、いつも同じ動きをしているということです。そうなるとマンネリ脳になりかねませんし、使う筋肉もいつも一緒なので、使われない筋肉はどんどん衰弱してしまいます。動くよう指令を出している運動系脳番地も弱くなってしまいます。

具体的には**右利きの人は左手で、左利きの人は右手で、テーブルを拭く、なべをか**

き混ぜる、**アイロンをかける**……といったことをするといいと思います。

歯磨きも利き手でないほうの手でしてみたり、**文字を書いたりするのもお勧め**です。

【事例（3）】 片づけ本（マニュアル、ノウハウ）を読んでばかりいて、実際の片づけまでたどりつけない。

運動系

診断　脳が行動する準備ができていない→運動系

これもよくあることですね。脳の特性上、「行動するために人の話を聞く」人と、「聞いてから行動するかどうか考える」人の2つのタイプがあります。

本を読んではいても実際には片づけられないという人は、後者のタイプです。前者の「行動するために読む人」は、片づけ本を読んだ瞬間に片づけもできるはずです。意欲もあり、心構えができていて、すでに行動する準備が整っているからです。

この2つのタイプは脳の仕組みとしては、まったく異なります。運動系をどの瞬間で使うか、いつオンにしようかと準備をしているタイミングが違うとも言えます。成功しやすいのは、もちろん「行動するために人の話を聞く」人のほうです。

家族に「片づけて」「捨てて」と伝えても、言い訳ばかりで行動しない人は、言われたときに、行動するために聞いているわけではありません。だからやらないのです。

ちなみに仕事においても、そこが「仕事ができる人」と「仕事ができない人」の分かれ目になります。次の作業に移るために人の話を聞いているのか、それともただ聞いていているだけなのか。次の作業のために聞いている人というのは、目的がはっきりしている人と言えます。

この「あるある」の場合は、本人ができないのですから、**本人が本気で「片づけよう」「捨てよう」と思って準備していない**ことが問題です。目的が明確でないのです。行動する人は、自覚はしていないかもしれませんが、潜在意識として、常に「自分がやる」という明確な目的があります。

一方、行動していない人・しない人は、「自分がやる」と意識していないか、意識していたとしても、認識が薄かったりします。

もし、自分は「行動する人」になりたいと考えているのならば、脳の仕組みを変える努力をしたほうがいいでしょう。

対策　今からやることとその次にやることを2つメモに書く

たとえば、「食器を洗ったら、次にゴミをまとめて捨てに行く」、「お茶を入れて飲み終わったら、すぐに買いものに出かける」、「出かける前に段ボールをまとめる。出るときに段ボールをゴミ捨て場に持って行く」などです。

いろいろ例を挙げましたが、**2つの行動をセットにする。**これがポイントです。1つの行動だけですと、次にする行動のスイッチが入りにくいことや、もう一度、次に何をするか考えている間に、結局何もしないで時間だけが過ぎる、ということを予防することができます。

本を読んだり、人の話を聞いたりして「それはとても良いことだ」と思っても、次に何もしなければ、あきらかに何も起こりません、そして、何も変わらないのです。1つ行動したら、次に、運動系脳番地の手、足、口のどれかを使うことが脳に行動を起こさせる秘訣なのです。

メモを書くことで、手を動かすことになります。その場に、筆記用具がなければ、ひとり言で「午後3時から買いものに出かけて、帰ったら洗濯物をたたむ」などと言ってみることで口の脳番地を動かすことになります。

また、座り過ぎは禁物です。座り過ぎは、心臓病、2型糖尿病、がんになりやすく、足、腰を使っての移動を増やすことで、うつや不安の症状を改善して、幸福感や学習意欲が向上すると言われています。

ふだんから見聞きしたら、良いことは運動系を使って行動に移すことを心がけましょう。

【事例（4）】ネットショッピングなどをした会社から届くDMやお知らせメール、メルマガが溜まりがち。少し気になるモノは、とりあえずとっておこうと捨てずに放置。そうしてどんどん溜まってしまう。

視覚系　思考系

診断　①視覚的な認知に対して行動できていない→視覚系

この場合は脳科学的には、２つの理由が考えられます。

１つ目の大きな問題としては、視覚系脳番地が衰弱していることです。要は「溜まっている」と、視覚的な認知ができていないので行動を起こすことができていないという状態です。

そうなってしまうのは潜在的に、「放置していても、今すぐに影響がない」「優先度が低い」という意識があるからですが、続けていると、知らない間に溜まってしまいます。

逆にいえば「そういえばやたらメールが溜まっているな」と感じたら、視覚系を鍛えるチャンスです。

診断　②「実は損」と気づいていない→思考系

もう1つ考えられるのは、思考系脳番地の動きが弱まっていることです。「捨てない」「とりあえずとっておく」と判断するのは、思考系脳番地の働きによるものだからです。そして、その背後には、「そのほうが得をするから」との思惑があることが多いようです。

しかし、実は損をしていることのほうが多いかもしれません。そこに気づいていないから「捨てない」「溜まってしまう」となるのです。

対策 ①「あるパターン」と「ないパターン」を比較する

「メールが溜まっているな」と気づいたらそのままにしないで、「そうした状態ではない状態」を一度つくってみてください。つまり、メールを削除する、といったことです。

「そうではない状態=溜まっていない状態」をつくって、「溜まっている状態」と比較することで、自分の気持ちの変化を感じとってみましょう。きっと溜まっていない状態のほうが気分よく感じるはずです。

そしてこの**「放置しないで一度捨ててみる」こと自体が、視覚系脳番地を鍛えるト**レーニングになります。

視覚的な認知を高めるには、お手玉をするというトレーニングが王道ですが、むしろ**福笑いや自分の顔のメイクをしてみる**といったことをお勧めします。

というのは、これらは「あるモノを消す」という作業になるからです。「あるモノを消す」ということは、「捨てる」ことと同じ行為であり、「視覚的に消してみる」というトレーニングです。

そうやって、「ある」ときと「ない」とき、自分はどう感じたか、感想を記録しておきます（このときはぜひ、手書きでしてください。運動系が鍛えられますし、頭に残ります）。

「ないほうが良い」というのは、「ない状態」を見ないとわかりません。視覚的な認知能力が弱い人にとって、「ないパターン」は想像できないことが多いのです。

多くの場合、視覚的な対比は苦手というか、ふだんあまり意識していないと思います。特に、「あるモノを消す」という思考や行動は、一般的ではないかもしれません。

私自身は視覚的に考えるタイプなので、ないモノに気づきやすく、「ない」と「これが必要だ」と思ったり、「ある」と「これは邪魔だ」と思ったりします。

ふだん意識しにくいぶん、「あるモノを消してどっちがいいかを比較する」というトレーニングは、視覚系を鍛えるうえでは大事です。

対比する絵を見てみないと、人間はなかなか対比できません。たとえばメイクでも、

パターンを変えてメイクして、それぞれ写真を撮り、比較してみるのもいいでしょう。間違いさがしではありませんが、「ないパターン」と「あるパターン」を比較して、どちらがどうなのか観察すると、視覚系脳番地が刺激されます。

対策 ②「本当に必要か」よくよく考える

「考える」訓練をすれば思考系脳番地を衰えさせずに済みます。それには「これは本当に残しておいていいことがあるのか」と、その先を考えることです。

お知らせメールが溜まりがちというのは、「そもそもそれを残しておいて何をするのか」が決まっていないということです。というよりも、決めていない、あるいはその先を想像していない、と言えます。【直近記憶の事例（1）98ページ】と同じで、「次の行動」、「その先を決めておく」ことが大事です。

逆にいえば、**「その先が決まっていないモノ」については、「捨てる」と判断する**ようにしましょう。

対策　③入り口で捨てる

さらにこの「あるある」は、「捨てる」以前に、「溜めない」ことがポイントです。そのためにはメールが来たらすぐにプレビューの件名を見て、即座に捨てる習慣をつけることです。

つまり、「どの段階で情報を捨てるか」「どこで〝捨てる脳〟を働かせるか」ということが、このお悩みの根本的な解決策であり、それは「溜まったモノを捨てる」のではなくて、「溜まらないように入り口で捨てる」ことが、より重要だということです。瞬時に判断することは思考系脳番地を鍛えることにもなります。

「入り口で瞬時に捨てる」ということは、「付き合ってください」と言われたときに、「いや、私、今付き合っている人がいるから」、あるいは「あなたには興味ありませんから」と、その場で断ることと似ています。

そうではなく「付き合ってから考えましょう」となると、好きでもない人とずるずるとお付き合いすることになり、「快」でない体験が溜まってしまう可能性もあります。

仕事でも同じで、どの段階で「やる」「やらない」を決めるかが、その後の進行に大きく影響してきます。場合によっては、捨てないと（断らないと）、それ以外のより大事なことに集中できなくなります。

そうした**決断や思考を鍛えるためにも、日ごろから、こうしたダイレクトメールやお知らせメール、メルマガを、入り口で捨てる訓練をするといいと思います。**

ただ近年は、「捨てるか」「捨てないか」と考えることに使うだけの時間が膨大になってきています。情報がたくさん入ってくるからです。

忙しくないときであれば、そう感じないかもしれませんが、入ってくる情報や仕事が多くなればなるほど、それを整理しているだけでとても時間かかかります。

実際、私のところにもインターネットを見ていると、高画質の写真で高品質のモノの案内がたくさん届きます。これに応募すれば五千円だとか一万円だとか、ＰＲ広告もたくさん来ます。

溜まってしまったお知らせメールをまとめて「削除」するのは、機械的にやれば済むことだとはいえ、それなりの時間を要します。「必要なモノもあるかもしれない」と思っていちいち中身を見ていたら、それこそ膨大な時間がかかります。本来の自分の時間が奪われていくということです。

そう考えると、自分のやりたいようにやるためには、この「捨てる脳」の力というのは、とても大事になるのではないでしょうか。

早い段階で「捨てる」ということが、自分の時間、自分の人生を有意義に過ごせるようになる秘訣だとも言えます。

ちなみにお金持ちはこうしたダイレクトメールで動きません。人の紹介だけで動きます。もうすでに「捨てる脳」の仕組みを活用していると言えますね。

対策　④インだけでなくアウトも考えよう

ある会社の社長さんは「新しい学びをして、学んだらそれをアウトプットとして行動に移す」ということを行動原理にされているそうです。実はこれは、人間の脳の仕組みそのものです。

ところがネットショッピングのお知らせメールは、その仕組みになっていません。集めただけで、アウトプットまでいかないのです。これが問題だと思います。

社長さんの行動原則のように、**物事は、入れた（インプット）のなら、出す（アウトプット）ことが大前提だと捉えておくべきです。**

たとえば、書籍原稿の依頼も、出版したいと思うから取材し始める、というシンプルなことです。出版したくないのに人の話を聞くのは、時間の無駄になるわけです。けれども断れないから話だけ聞いていると、延々とつくられない本の話をして時間が経ってしまいます。

「出す（アウトプット）」を常に考えるようにしておくと、体の動きも思考の動きも活発になります。

【事例（5）】ゴミ入れ用のビニール袋が溜まりすぎてスペース一杯になって、それ自体ゴミ化していたり、スーパーで献立のヒントなどの料理カードがあると、とりあえず全部もらってしまったりして、いろんなモノが溜まりやすい。

運動系　思考系　感情系

診断　「集める脳」はドーパミンが多く出ている→運動系、思考系、感情系

これらは運動系の中でも「集める運動」です。

「集める運動」と「捨てる運動」では、ドーパミンが出る量に差があります。ドーパミンとは、運動や意欲、快楽などに関係する神経伝達物質で、「気持ちがいい」「楽しい」「心地よい」と感じると出ると言われています。

「集める」という行動においては、動機が明確でワクワクしてドーパミンが生成されやすい一方で、「捨てる」ときには使わない目的に対してドーパミンを増やすことになりにくいと考えられます。

当然ですが、集めるときには使う目的であったり、興味があるから集めるわけです。しかし、捨てるときは、もう興味がないから捨てる場合がほとんどです。「興味がない＝どうでもいい」から、放置しがちになるのです。

「どうでもいいモノ」「どうでもいいこと」に注意を向けなくてはならないため、「集める脳」よりも、「捨てる脳」をつくることのほうが、プラスアルファの脳の労力を使わねばなりません。

ビニール袋も、スーパーのチラシも、「ビニール袋はゴミ袋にしよう」「チラシに書いてある料理をつくってみよう」と、次に行う行動を想定して、ある種の「ワクワク」感があるからこそ集めているはずです。

もちろん、そこまで意識はしていないと思いますが、潜在的にそうした思いがあるということです。そうでなければ集めないはずですから。

ただ、もしかしたら「なんとなく」集めているだけかもしれませんね。集めるシチュエーションになったとき「これを集めることは自分にとっていいことなのか」と、一呼吸おいて思考できることも大切です。

対策 「捨てる」モチベーションをつくる

そうした脳の特性を踏まえると、「減らす」「捨てる」ときも、脳が快感を覚える、あるいは意欲的になるような「その後の行動」を決めておくといいでしょう。

要するに、「捨てるモチベーション」を高めるということです。もっといえば「捨てる口実」です。

とはいえ、ビニール袋やチラシを捨てることが、「快感」になるような次の行動を考えるのは、なかなか難しいですよね。

この場合はやはり、「捨てることでスッキリする」という王道をモチベーションにすると、捨てやすくなりそうです。

実際、捨てる最中に快感を覚えることもあると思います。それは、現物は目に見えて減るのでもちろんですが、脳内も情報が減って、ごちゃごちゃしたものが減ってくるため、脳の余計な刺激がなくなって、本質的なことが思考できるようになるからです。

大事なことは大事なこととして捉えることができるようになります。

見た目がスッキリするだけでなく、頭もクリアになるということです。

たとえるならば、パズルのように複雑すぎてわかりにくかった状態が、解いていったらシンプルになって、「なんでこんなに迷っていたんだろう」と思ってしまうような感じです。

本来は、集める入り口でいったん冷静に考えることが理想ですが、時すでに遅く集めすぎてしまったら、「集めた先にどうするか」と考えて、行動を決めて、実際に体を動かすようにしましょう。

【事例（6）】 自分ではそんなに部屋が散らかっているのだけれど、家族から「どんどんテーブルの上にモノが増えていっているね」と呆（あき）れられている。

視覚系

診断　視覚認知が低下している→視覚系

これは「視覚認知」の問題です。テーブルの上を見たときに「散らかっているな」と思うのは、散らかる前の映像、すなわち「散らかっていない状態」が脳の中に残っているため、「今、散らかっている」と思うわけです。

ところが視覚認知機能が低下すると、**以前の「散らかっていない状態」の映像が脳の中に残っていないので、「散らかっている」とは思わなくなります。**そうなると視覚認知ができていないため、結果的にモノが増えていってしまいます。

たとえば妻は日ごろ、自分で片づけているから、テーブルの上が散らからずにきれいな状態がわかっているけれども、夫はそれを見ていない（視覚的に覚えていない）ので、散らかっているのが当たり前になってしまっている。そんな視覚的なすれ違いから夫婦ゲンカに発展してしまうこともあります。

そうした脳の特性から、忙しくてふだんテーブルの上さえ見てない人にとっては、散らかっていても「散らかっていない」となるわけです。

その最たるものが子どもです。子どもは視覚認知機能が未発達なので、散らかっている、散らかっていないの基準がなく、すべてが「散らかっていない」となるのです。

対策 「散らかる前」の写真を貼っておく

ということは対処法としては、「散らかる」ということを、どうやって認識させるか、思い出させるかがカギになります。

具体的には、「散らかっていない状態」を写真撮影して見えやすいところに貼っておき、「今、テーブルの上には、こんなにモノがたくさん出ているよね。でも、この写真のようにしようね」と伝える、といったことです。

「覚えておいてね」というだけでは、そもそも興味がないので記憶には残りません。ですから記憶系を使うのではなくて、よく「見る」だけの視覚系を活用します。

【事例（7）】家族から「捨てて」と言われても「捨てられない」。

聴覚系　運動系

診断　脳内ですぐに反復できない→聴覚系、運動系

この根幹は、「聞いたらすぐ行動に移れるかどうか」、つまり、まずは聴覚系脳番地がしっかり働き、その上で運動系脳番地と連動できているか、ということです。すぐ行動できる人というのは、聞いたことを自分の脳の中で反復することができています。

たとえば子どもは、人から言われたことを聞いていない、人の言うことが素通りしてしまうことが多々あります。反復することができていないということです。大人であっても反復できない人がいるということです。

対策 ①「3行」を繰り返し言う

聴覚系脳番地が弱まっている場合は、「昨日は雨だった」「今日は曇りだった」「明日は晴れるかな」と、わずか3行ですが、これを繰り返して言う練習をしてみましょう。

3行というのは、相手が何か言って、こちらがそれに返して、さらに相手が言い返す。それで3行です。相手がもう1回言うから、流れを聴覚的に記憶していないと会話ができにくくなります。

つまり、聴覚が弱いとコミュニケーションがとれにくく、言われたとおりにすることがなかなかできません。

「これをこうして、こう捨てて」と伝えられても、頭の中で混乱するのか、聞き返してしまうことが多く、そのとおりにすることができません。聞いたことを聞きながらイメージすることができないのです。

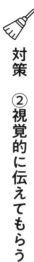

対策　②視覚的に伝えてもらう

聴覚系が弱いと自覚した場合、相手には、紙に書いて指示してもらうようにするといいでしょう。

さらに、実際に行動すべき場所に同行してもらい、「ここのモノはこれに入れて、ここはこうする」と、見せてもらいながら、つまり視覚を使って伝えてもらいます。

加えて聴覚系が弱いと、自分の頭の中で自分に指示できない傾向にあります。頭の中で「ここのモノはこうして、これはこうしよう」と、思い描くことが難しいので、**必ずメモを取るようにして、目で見て理解するようにしましょう。**

column②

散らかっている家はストレスが高い？

本書のテーマ「捨てる」からややスピンアウトしますが、「散らかっている状態」が、脳や心身に影響を与えるという研究結果もあります。散らかっていることで視覚的に認知の過負荷が増してワーキングメモリの中の使える容量が減少する傾向にあると指摘されているのです。

散らかっていなければ生産性アップ！

2011年に米国プリンストン大学のマクマインズとカストナーは、視覚の研究から、散らかった光景が目に入ることで、自分で整理整頓しようとする脳のトップダウンの働きが鈍ることを指摘しています（参考文献５）。つまり、家庭や職場環境から散らかったモノを取り除くと、集中力と情報処理能力は向上し、生産性が高まるということです。

また2009年のカリフォルニア大学ロサンゼルス校サックスベラの研究では、ストレスホルモンであるコルチゾール濃度は、家庭環境が散らかっている母ほど高いことを報告しています（参考文献６）。散らかっている家のお母さんは、緊張性が高い環境にいるということです。

そのほかの論文でも、“散らかり”は、周囲の人との関係にも影響を与えるとしています。2016年の米国のコーネル大学カッティングとアームストロングの研究では、背景が散らかっていると、より近くの人を認識し、離れている人への認識が薄れると指摘しています（参考文献7）。実際オンラインミーティングでも、背景が真っ白な壁の人の方が、背後に本棚がある人よりも記憶に残りませんか。

つまり雑然とした状況は、認知能力を下げていると考察できます。しかも影響するのは脳の働きだけではありません。コルチゾール濃度が高いということは、生理的な自律神経にも影響していることを意味しています。

無秩序な環境では不安になることも

別の研究では、秩序を強く好む人は、無秩序な環境でスピーチを準備すると、より不安に感じるという結果が出ています。自閉症スペクトラム障害の傾向を持った人は特にそうで、学会などでも頭の中に秩序がある状態であれば話せるけれども、誰が何を言うかわからない環境だと、すごく動揺して不安になります。

「捨て上手」「片づけ上手」の人はすばらしいと賞賛されがちですが、そこには1つの性格ないしは、脳の感情に対する“感度”というものがあるということも、留意しておくといいでしょう。

ワーキングメモリ「期限を決めて考えてから判断する」

一番「捨てる」ことが悩ましいのが、このワーキングメモリの問題です。「捨てたいけれど本当に捨てていいのか」「後悔しないか」考えなくては答えが出ないモノたちです。ポイントは自分との関係性をよくよく考えて「大事なモノを残して、いらないモノを捨てる」こと。

ただ、そのためにはワーキングメモリの処理が非常に必要で、さまざまな脳番地を使います。そして、それこそ脳がスッキリしていないと、正しく判断することができません。

捨てればクリアになりますし、クリアだからこそ捨てられる。そんな卵と鶏のような関係です。

【事例（1）】古着や未使用食器などは、リサイクルショップに持って行こうと思いつつ、なかなか腰をあげなくて溜まる一方。

記憶系（行動記憶） 運動系

診断 脳内が「歩いていない山道」状態に→記憶系、運動系

こうしたお悩みはよく聞きますが、そのたびに、「捨てるためのスケジュールを立てる」ということは、なかなか難しいものなのだなあと実感します。

なぜ、なかなか腰をあげないかというと、リサイクルショップにいつ持って行こうが、正直言って関係なく、今週でもいいし、来週でも再来週でもいい、1年先でもいいからです。すると気がついたら10年が経っていた、なんてこともありえます。

脳科学の視点からみると、こうなってしまう要因はいくつか考えられます。

まず、直近記憶のお悩み事例でもお伝えしましたが、「予定を確定していない」ために、先延ばしになってしまっているということです。「予定を考えられない」「今後の自分の行動について十分に思考することができていない」ということです。

仮に予定を確定できたとしても、運動系脳番地が弱いと「行動しない」「行動できない」となってしまいます。

あるいは、予定を決めていても、記憶系脳番地が衰えていて、それを忘れてしまっていることもあります。

そして何より、この場合の脳の状態は、〝歩いていない山道〟みたいになってしまっていることが、大きな要因として考えられます。

そもそもリサイクルショップに行ったり、粗大ごみを出したりするのは面倒な行為です。だから腰があがらないとも言えますが、しょっちゅうやっていることではないために、そうした**行動への回路が脳内にできていない**のです。言い換えれば「行動記憶」が作られていないということです。

脳は習慣化されていることにはスムーズに対応できますが、そうした「たまにやること」に対しては、行動記憶の回路が働きにくく動きも鈍くなってしまうのです。

対策　毎日、行動記憶にスイッチを入れる

ではどうすればいいかというと、行動記憶にスイッチを入れて、リフレッシュすることです。同じ行動を繰り返して、記憶を定着させるようにするといいでしょう。記憶系脳番地を鍛えることです。

ポイントは「時間」を決めて行うこと。**毎日、同じ時間に同じ行動をすることで、「行動の自動化」が起こり行動するための記憶回路ができてきます。**

たとえば毎日朝6時に近所の公園にウォーキングに行く、10時に図書館に行く、夕方6時に買いものに行く……といったことです。早朝のウォーキングは新鮮な空気を脳に取り入れることにもなるので、運動系脳番地も強化されます。

買いものも、夕方になるとタイムセールをしているスーパーも多いので、複数のスーパーのタイムセールの時間を覚えて、スーパー巡りをするのもいいでしょう。各スーパーの同じ商品の価格を覚えておいて比較すれば、記憶系強化の訓練にもなります。

思考系

【事例（2）】目の前にあふれるモノを見ていると片づける気にならない。オンラインショッピングで注文したモノの空き箱や段ボールが溜まりつつあるが、バラして集積所まで運ぶことも手がかかってしまうので、そのままに。

診断　キャパを超えると思考停止に→思考系

たとえば目の前に跳び箱があったとしましょう。そのとき人間は見ただけで「あ、跳べるわ」「高いわ、これは無理だ」と、判断します。つまり見た瞬間に自己判断するのです。

このとき「高いわ、これは無理だわ」となると、その時点でそれ以上考えられない状態、思考停止になってしまいます。

それと同じで、モノが多くなると、思考することをやめてしまうので、それ以上やりようがなくなるのが、この〝あるある〟の状態です。

人間の脳は「自分ができる範囲」のキャパに意外に敏感で、その人ができる範囲より広がってしまうと、思考停止になってしまう特性があります。この特性に敏感に反応するのがワーキングメモリなのです。

本当はよく見れば、その対象となることすべてをやらなくてもよく、狭い範囲や小さいことであればやれるのですから、そうしたことをとりあえずやっておけばいいのです。

ところが、その対象が広がった途端に、ワーキングメモリのキャパオーバーと判断して狭いもの、小さいものの範囲さえ片づけようとしなくなってしまうことがあります。「これだけ」しかないときには捨てられるのに、「こんなに」多くなると、「これだけ」も捨てない。そうなるのはやはり、脳の仕組みのせいなのです。

対策　スペースも時間も小分けにして考えよう

ではどうすればよいかというと、「やることをできるだけ小分けにする」ことが最適解です。

大きかったり範囲が広くなったりすると、脳はうまく動かなくなるため、範囲を区切って分け、全部やろうとせずに、一部だけやればいいのです。

そうして小さくすることによって思考が回るようになります。

これは何事に対しても同じです。「全部やらないとイヤだ」というのは、一部もやらない人の口実というか、思考が止まっている証拠です。

スポーツの練習量をイメージしてみてください。小さいことを積み重ねていき、能力の閾値（いきち）を上げていく。スモールステップで成長するということです。

片づけ始めても、途中で面倒になり「もういいや」と中途半端になってしまう場合も、この状況に似ています。

この場合は時間的に継続できないことが問題です。片づけることはできるとしても、長くやろうとすると、片づけのための思考や判断が続かなくなってしまうのです。

そんなときは**「5分間だけ」というように時間の刻みを設ける**といいでしょう。「ずっと頭が働いている状態を持続させなきゃダメ」とならないように、ピークの時間を小刻みにしてやれば、「途中であきらめる」というお悩みは解消できます。

ちなみに、段ボールなどをバラして集積所まで持ち込むことについては運動系脳番地を鍛える必要があります。散歩などのほか、室内では床に落ちているモノを数えながら拾うと、「腰をかがめてモノを摑む」ため、運動系脳番地が強化されますし、部屋も片づいて一石二鳥です。

【事例（3）】毛玉がついたボロくなった靴下を、まだはけるからいいか、と放置している。

思考系　記憶系

診断　①〝そこ〟だけ見ていると脳は判断を見誤る→思考系

たしかに、その靴下1足だけを見ていると、「まだはけそうだ」となって、捨てるのがもったいない気持ちになるかもしれません。

でも全体から考えると、そのボロくなった1足は、あなたにとって、どんな位置づけのモノなのでしょうか。たとえば20足あるうちの1足であるなら、「もう、ボロくなったし、捨ててもいいかな」という気持ちになりませんか。

まずは、現在、自分は靴下を何足持っているか数えてみましょう。そして、全体の中で、その靴下はどれくらい大事なモノなのか、よくよく考えてみましょう。

仕事でも何でもそうですが、ある事柄だけを見つめていると、その情報に引きずられて、全体が見えなくなってしまいます。

そうなると、正しい判断ができなくなります。思考系がうまく働かない状態になってしまうのです。

診断　②「習慣」への喪失感、ペットロス類似症状への不安感→記憶系

また、モノが捨てられないのは、「そのモノにまつわる記憶から離れられない」ということでもあります。たとえ毛玉がついている靴下でも、明らかに布がよたっているのに使い続けているインナー類でも、使い続けていると愛着が湧いてきて、捨てられなくなることがあります。

それを家族から捨てるよう指摘されると、「自分がいいと思っているのになぜ文句をつけるんだ。自分のことを認めてくれていないのか」とガッカリしてしまいますよね。

「捨てなきゃならないのかも」と覚悟を決めたら決めたで、そのモノに対して罪悪感も湧き出てしまいます。そういった感情が起こるのは、当人にとって、そのモノとの記憶があるからです。

捨てられないのは、そうした愛着の記憶も関係しているわけですが、靴下やインナーの場合は愛着があるとはあまり考えられません。

どちらかというと、**「習慣的に使用している」という潜在的な記憶が、「捨てる」を抑制している**のではないかと考えられます。いわば、それを捨てることによって、「いつものことができない＝いつも着用しているのに、それができない」という喪失感です。これは、ペットロスを予期して不安に陥ることと同じ症状と考えられます。

対策 ①天秤(てんびん)にかけられるまでの情報を集めよう

まず、全体を捉えるために必要なことを考えてみましょう。ここで問題なのは、正しい判断をするための情報の不足です。「情報の集め方」があいまいとも言えます。

「捨てる」「捨てない」は、それぞれ紐づいた情報を参考にして天秤にかける行為です。なので、その天秤にかけるだけの情報がないと、判断ができません。

「ボロくなった靴下」や「よたったインナー」が、「残しておく」だけの価値があるモノなのか、情報不足のため思考することができず、そのまま放置してしまっているのです。

迷ったら視点を引き上げて、その対象物が属する全体を見るようにしてみましょう。

この場合は、「全体の数を数える」という情報を加えて考えれば、「では、どうするか」と、その先の判断に繋げていくことができます。

情報の内容や情報の集め方は、対象物によってさまざまだと思います。捨てるか・捨てないか、天秤にかけられるくらいの情報をいかに集めるかがポイントになります。

ところで、家事をしていると「もったいないからとっておく」ということがよくあると思います。この靴下だって「掃除に使えると思うから」と残している人もいるでしょう。

掃除用として残すのであれば、そのための場所に保存しておくことをお勧めします。

なぜなら、「使えると思う」というように「思う」だけだと、脳が準備不足になるので、実際には使わなくなる確率が高いからです。

そうならないためには「使う状況」までつくっておいて、脳がすぐに判断して行動できるようにしておくことです。

具体的には、たとえば「使えるかも」と思うのであれば、専用の箱に入れ、準備しておき、その箱に入らない分量になったら捨てる。都度そうやって判断すること自体が、思考系を鍛えるトレーニングにもなります。


ただ、そのように準備をしていても、結局「使わなかった」となることも多々あります。そうなってしまうのは、時間が経ってしまうと、「使わなくてもいいや」と気持ちや状況に変化が訪れるからです。

ある時点では必要なモノだったとしても、それが未来に使えるとは限らないのです。

対策　②役目が終わったモノは捨てる

次に、記憶に紐づく喪失感に対してどう対処するかを考えてみましょう。

亡くなった私の父は、なかなか頑固で怖かったのですが、逆にあの厳しい口調をもう聞けないと思うと、大きな喪失感を覚えます。

いつもあるモノ、すでに習慣的になっているもの。そんな物事がなくなってしまうのは、寂しいですよね。

靴下やインナーであったとしても、日常的に使っていたモノが失われてしまうと、何となく寂しくなるから手放すという行動に移れないことはあると思います。

けれども、そこまで使い切ったのだから、モノも喜んでいると思います。「役目が終わった」と考えたほうが、脳が納得して捨てやすくなります。

【事例（4）】古い情報で、もういらない本もあるかもしれないけれど、分類するのが面倒だし時間がない。

思考系

診断　ワーキングメモリの電池切れ→思考系

本については、本当にそうですね。我が家にも、もう子どもが大学生になって数年過ぎているのにまだ赤本があったりします。これはもう、そのときに使った状態から活用時価を超えています。

そもそも使わない本をいつまでも置いていても、何かの役に立つということはほぼ、ありません。

「古いし不要かも」とわかっているのに、分類するのを面倒だと思うのは、それ以上考えるのが面倒な状態になっているわけです。また、日常のルーチンに追われて、古いモノを捨てるスイッチが入らない、入れる暇（時間）をつくれないことが問題です。そこにワーキングメモリを費やすだけのパワーがない、スイッチが入らない電池切れということです。どんなに優れたワーキングメモリを持っていても、きっかけがなければ宝の持ち腐れなのです。これは、スイッチを入れる思考系脳番地が衰弱しているか、無関心な状態です。

対策①「使用中」と「非使用中」とにざっくり分けてみる

卵と鶏の関係のようですが、こういったいらない本をなくすことは、自分が持っているワーキングメモリを解放することに繋がるので、処分してワーキングメモリの容量を増やすようにしたほうがいいでしょう。

本を処分すること自体が、思考系のトレーニングになるということです。

この場合は「今、使うブックスペース」と、「そうじゃないブックスペース」をしっかり分けることです。**もう少し具体的にいうと、「最近使う本や資料」と、「流動性**

がなくて飾ってあるだけ」という感じです。

これも時間が経てば、流動性がない本については、「捨てよう」と思い切りがつくようになる可能性があります。

洋服についても同じことが言えます。たとえばあまり着ることのない服が、よく着る服の5倍くらいあったりして、「それらはほとんど捨てていいのでは」と思うものの捨てられないことがよくあります。

この場合の脳の状態は、あまり着ない服について、ワーキングメモリには情報として入っておらず、長期記憶の中に入っています。これを、いかに「今、処理しなきゃ」というワーキングスペースに入れられるかどうか。それにより、捨てられるかどうかが決まります。

ワーキングメモリに入っていないのは、「今」それを処理しなくてもいいからです。必要性を感じていないので、ワーキングメモリに上がってこないということです。

脳というのは、なるべく働きたくないので、どうしても「今やること」だけに集中してしまいます。目の前のことのほうが大事なので、そちらに思考も時間も奪われるのです。

本の処分も洋服の処分も、「今」やる必要はないと、脳が判断してしまっているのです。

その状態が続いたら永遠に捨てられないので、自分なりのルールを決めて捨てるようにするといいでしょう。

「好きな人からもらった本だから」「夫との最初のデートに着た服だから」など、自分なりに「基準」「ルール」を決め、「活きている本（読んでいる）」や「活きている（着ている）服」と、「流動性のない（ほぼ読んでいない）本」「流動性のない（ほぼ着ていない）服」とに、おおざっぱに分けて、流動性のないモノについては「1か月後に処分」など、期限を決めて減らしていきましょう。

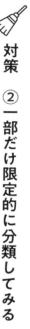

対策　②一部だけ限定的に分類してみる

もう1つの対処法としては、対象物の範囲を限定して、朝など頭がスッキリしているときに分類するやり方です。

一気にやろうとすると「面倒」と感じる作業でも、【ワーキングメモリの事例(2)　140ページ】でも説明したように小分けにすれば負担感は少なく感じます。たとえば「古い本」なら、「この一列だけやる」と限定して分類するとはかどります。

一気にやろうとすると、ワーキングメモリがオーバーしてしまいます。ワーキングメモリがオーバーして、「1つもやりたくならない」となると、「1つもできない」ということになりますから、そうならないよう、できる範囲で小さく始めることが鉄則です。

分類したり整理整頓したりするのに、適したタイミングというのもあります。**睡眠をとって脳がスッキリしている朝のほか、旅行のあともチャンスです。**

旅行から帰ってくると、旅行カバンの中を整理しないとなりませんから、必然的に捨てたり分類してまとめたり、という作業が発生します。

このときの整理整頓の脳は、翌日もその記憶を引きずってくれるので、整理整頓しやすくなります。ですから「旅行帰りの翌朝」を目指して分類にトライしてみるといいかもしれません。

【事例（5）】納豆の辛子、お刺身の山葵や醤油の小袋がどんどん溜まっていく……とっておいても使うことなく、増えていく一方。

思考系

診断 「もったいない」は脳を使っていないに等しい→思考系

これは日本人には特に多い、「もったいない」という意識が強くあることから起こるケースです。

私自身は、「自分は貧乏性だから」と自分で言い聞かせて、自分で自分を納得させてはいるのですが、実は「もったいないから」と残しておくよりも、捨てるほうが頭を使うことになるので、残すほうを選択しているとも言えます。つまり頭がラクなほうを選んでいるわけですね。

要は「もったいない」は、思考停止状態で、脳を使っていないに等しいのです。「もったいない」という思考意識が頭に入っている人が「捨てよう」とすると、「それはもったいないなくないよ」と、いつもの思考と逆のことを考えなくてはなりません。それは、「もったいない」を提唱する脳にとって、とても拒絶感のあることです。

自分に対して拒絶するようなものなので、「もったいなくないこと」を考えるのは思考系をものすごく使います。そのため、「捨てる」行動に結びつかず、どんどん溜まってしまうのです。

対策　どちらがもったいないのかを考える

「もったいない」という思想の人に対して、もっと気になるのは、「今、目の前にあるもったいない」以上の、「もったいないこと」があるかどうかを考えていないのではないか、ということです。

納豆のたれや辛子、山葵や醤油など、どんどん溜まるモノたちを、収納するために収納スペースをつくったり、種類ごとに分けたりと、案外と細々した時間を割いてはいませんか。つまり自分の時間が奪われているわけです。その時間がもったいないし、保存のためのスペースももったいない。

実際「どちらがもったいないのか」と天秤をかけることが大切なのですが、この「天秤にかける」ことをしていないこと自体が、もったいないことだと思います。

「どちらがもったいないか、もう1つのほうを考える」ということが対策であり、考えること自体が思考系脳番地を刺激していることになります。

最近ではコンビニエンスストアでも割り箸などを「いるか」「いらないか」と聞かれます。うっかり「いります」と言ってしまうと、溜まってしまいますが、「いりません」と断れば溜まりません。加えて、「溜まったモノを片づける」という手間が不要になります。

その意味では、「捨てられない人」は「集めている人」ともいえ、そもそもの「集める」ところからスイッチを変えないとなりません。

「集めてしまうから捨てられない」ということを認識して、「集める」習慣を見直してみましょう。

とはいえ、第1章でお伝えしたように、人間の脳は集めるようにできています。そのインとアウトのバランスを、いかにとるかということです。

【事例（6）】筆立てに、書きづらくなったペンが複数あるが、なんとなく捨てないまま放置している。

思考系

診断 「もったいない精神」と「認知の不明確」→思考系

こうなってしまうのには2つの要因があります。1つは「もったいない精神」です。完全に書き切っていないのに捨てることに抵抗感があるのです。

実は私自身もそうなんです。ただ最近は、かすれた文字のものを、自分だけで使うのならまだしも、他人に差し出したり共有したりする場合は、相手に失礼ではないかと感じるようになりました。自分だったら、かすれ文字のメモなんてもらいたくないですものね。

また、筆立てから1本取り出して書いたら、書きづらかった、となると不便ですし、また別の筆記用具を探す手間や時間を要してしまいます。時間の浪費がすごくあるのです。

しかし、最初から書けるモノだけ、少ないペンだけを立てておけば、そうした問題が起こりません。イライラも減ります。

こういうモノをポンポン捨てていくことは、運動系を鍛える練習になります。

もう1つの要因は、筆立ての〝完成状態〟の「認知が明確ではない」ことです。「こういう筆記用具が揃っているのが自分の筆立てである」という認知、いわば基準が明確ではないと、書けないペンなどさまざまな筆記用具で一杯になってしまいます。

対策 「基準外」のモノはどんどん捨てよう

「もったいない精神」の場合も、「認知が明確ではない」場合も、基準づくりが必要です。

自分の筆立ての完成形イメージを、「スムーズに書ける筆記用具だけが揃っている」と認知するようにする。つまり、基準を決めておけば、書けない筆記用具はバンバン捨てられるようになるでしょう。

食品についても同じことが言えます。たとえば賞味期限が数か月切れたソースも、捨てたほうがいいとは思うものの、まだ中身が入っているし、冷蔵庫に入れてあったから大丈夫だろうと思って使っている。これも「もったいない精神」からくる行動です。

この場合もやはり「わが家ではこういう基準で冷蔵庫に食品を入れておく」と明確にして、その情報を家族と共有しておくことです。そうでない「基準外」のモノは潔く捨てるようにしましょう。

ただ、筆記用具の場合、書けなくなったモノでも思い出に繋がるようなモノ、ワクワクするようなモノであれば、とっておいても構わないと思います。ただし、ごっちゃにならないよう、書けるモノとは別の場所に保管しましょう。

不思議なことに、思い出があるモノだと、当時の思い出だけでなく、そこからさまざまなアイデアが湧いてくることがあるので、一概に捨てることはしなくていいと思います。

大切なのは、自分にとって「どういうモノがあればいいのか」そのイメージをきっちりさせておいて、それを認知することです。自己認知を深めることに繋がり、自分で自分を深く理解できるようになるので、就職活動などには有利に働きそうです。

【事例（7）】そもそも何をどう捨てたらいいかわからない……特にあって困らないからわざわざ捨てることをしなくてもいい気がしている。

診断　捨てる理由が見つからない↓理解系

「わざわざ捨てることをしなくてもいい気がしている」というのは、つまり「捨てる理由が見つからない」ということになります。

あっても困らないのなら捨てなくてもいいとは思いますが、それでも捨てたい気持ちがあるのなら、「どう捨てる理由を見つけるか」に尽きると思います。

ということは、逆に「捨てない理由」が大事になります。「捨てない理由」あるいは「集めている理由」「残す理由」を理解できると、捨てられるのかもしれません。

たとえば私の場合、論文を書くためにたくさんの資料を集めています。その中から自分が書こうとしていることにマッチしているかを取捨選択していくのですが、そのときは理解力を非常に使います。

「捨てる脳」であれば、ここでもバンバン捨てることができます。しかし、理解系が弱いと、いちいち「これはこうだから、こう」「あれは、こう」というように、理解するのに時間がかかってしまいます。

対策 そもそも「集めている」理由を考えてみよう

大抵の場合、モノは持っていても損がないと思っているので、一度持ってしまったら、捨てる理由が見つかるまで持ち続けていることになります。

人からもらったモノは別として、そのモノを得るためにお金もかけているわけですから。

一方で、人からのいただきモノは、その人の思いも付随していると思うと、なかなか捨てることができないから困ったものです。

私の体験ですが、渡米時に段ボール40箱の資料を持って行きました。それなのに、帰国時はそのうち20箱は手を付けずに持って帰ってきたことがあります。その分の運賃代も相当なものです。当時の金額で、往復で恐らく50〜60万円かかったのではないでしょうか。

これは、「持っている方が損をする」ということが言える事例です。

持っているからといって必ずしも得するわけではないのです。

このことは脳の中についても同様に言えます。たとえば先の論文執筆の際の資料取捨選択についても、ありすぎるとそれだけで時間も脳の処理能力もかかってしまいます。脳の働きが損していると言えます。

そうなったときには、そもそもの「集めている」理由を考えてみるといいでしょう。場合によっては「集めること」が目的になってしまっているかもしれません。

【事例（8）】クローゼットの洋服を処分しようと、「要」「不要」「保留」に分けた段ボール箱を用意したが、「保留」が多すぎて片づかない。

思考系

診断　脳にとってはラクちんだが……↓思考系

脳にとっては、「要」「不要」「保留」と3つに分けることは、すごくラクなことです。中でも「保留」とは、考えなくて済む、つまり思考系脳番地を使わないで進めるということなので、「保留」が多くなってしまうのは脳の特性として当然です。

しかしこれは「考えるな」と、自分で自分に指示しているといえ、「時間稼ぎ」「先送り」にしかなりません。

でも私は、保留すること自体は悪くはないと思います。保留して時間稼ぎをすることで、「捨てよう」と決意できることもあるからです。

ただ、「保留」をその後、どうするのかが問題です。「保留」していても、いずれはどうにかしなくてはなりません。次にその保留分をいつまた仕分けるのか、最終的にどうしたいのか……というプランニングができていないと、いつまでたっても捨てることができず、「保留」もモヤモヤも溜まっていきます。要は「保留」するなら、よりプランニングが大事だということです。

たとえば、年1回、「要」「不要」「保留」と分けて、また翌年に、同じく3つに分けたとします。1年に1回の頻度だと、当然ですが、「要」「不要」は行き先が決まりますが、次の1年まで行き先不明の「保留」が存在しつづけることになります。

これを、1週間に1回やるならば、「保留」の数は少しずつでも減っていきます。

なので、**この仕分けをいつ、どのくらいの頻度で行うかがポイントになります。**

そのプランニングがしっかりできていない、仕分けの回数を決めていないと、結局先送りになってしまいます。

自分にとって、最適は、週に1回なのか、月に1回なのか、1年に1回でいいのか……。それは、その人の所有しているモノの数や量にもよります。

対策 「分ける」より「全部でいくつあるか」数える

その加減をするためには、まずは現状を理解することが必要です。理解するには可視化することが一番です。数を数えるということです。したがって、「要」「不要」「保有」の3つに分ける必要はありません。

全体がどのくらいあり、それをどのくらいに減らしたいのか。それを数値化すれば、現状が把握でき、プランニングもしやすくなります。

具体的な可視化のステップは2つあります。

1つ目は全体を数えること。たとえば洋服を処分したいと思い立ったら、自分は何枚の洋服を持っているかを数えることから始めてみましょう。

ジャケットは○着、Tシャツは○枚、靴下は○足……と、メモでもいいので記録していきます。

「数える」ということは単純作業のようではありますが、数えていくうちに「あれ、似たようなTシャツがこんなにあったんだ……」「靴下、多過ぎじゃない？」「これはもうボロボロだ……」などと、さまざまな気づきが生まれます。

数えている最中に、「いや、もうたくさんあるから、捨てよう！」と、その場で「不要」に直行すれば大成功です。

次に数えるのは「保留」の服です。これが、２つ目のステップです。

保留を数えると、たとえば「50個仕分けしたのに、保留が40個ある」となって、「その40個は、いつ〝保留でない状態〟にできるのか」と考えていきます。

こうして数えたり、プランニングしていったりすること自体が、理解系を鍛えるトレーニングになっています。

脳は、時間が経つと頭の切り替えができたり、状態によってクリアになったりします。つまり、しばらく「保留」にすることで、「いらないかも」と思えるようになることもあるということです。

そうした仕組みを利用して保留対策をうまくやれば、「保留」は減っていくでしょう。

【事例（9）】旅行へ行くと、現地の地図や観光地の案内パンフレットをもらう。旅の思い出にもなるし、いつかまた出かけるときに役立つだろうと思うと捨てられない。

理解系

診断　価値がどの程度あるか理解できていない→理解系

旅行中に使った地図は、毎日使っているため、帰国後にはもうヨレヨレになってしまっています。そんなにヨレヨレなのに、旅の思い出もあいまっていて、なかなか捨てられない。そんな悩みはよくあることです。

ところが実際には、次に同じ場所に行くことほとんどありません。仮に同じ場所に行くことがあったとしても、数年経っていれば店も変わっていることもありますし、地図はその時点での最新版を買った方がいいに決まっています。

それなのになぜ、いつまでも持ち続けているかというと、**脳が〝今の状況〟を理解できていない**からです。

「いつかまた行くかもしれない、ということはほぼない」

「仮に再訪したとしても、恐らく情報は古くなってしまっている」

「再訪時に、また新しいモノを入手するのが最善だ」

こんなふうに、「何がどうなっているか」を理解して、「では、次はこうすればいいんだな」と考えることができなくなっている状態だということです。

昔の地図を参照しても、そのエリアの様子が変わっていたら、古いヨレヨレの地図を持っている意味がありません。そうなった場合、その地図にいったいどれだけの価値があるでしょうか。それを理解できていないということです。

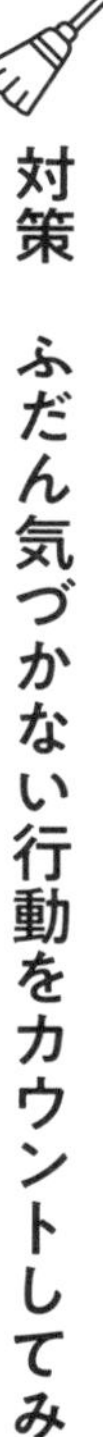

対策 ふだん気づかない行動をカウントしてみる

「これをこうして、こうやったら、こうなる」などと順序や手順を考えることで理解系脳番地を使うようにするといいでしょう。たとえば残り物で料理をしたり、今日1日の予定を考えてみたりするということです。

また、理解系を刺激するためには、〝気づかないモノ〟を数値化して、どのくらいの数量なのか、どのくらいの大きさなのかなど、状況に気づくことがポイントです。

たとえば、**夏休みまであと〇日ある、自分は年間〇日休暇を取得している、美容院に行くのは〇カ月ぶりだ、というように数値化して理解していく**のです。

スカートや靴など自分の持ち物を数えたり、体重を毎日計測したりするのもいいでしょう。

あるいは、**夫の趣味を5つリストアップする、自分が一番大切にしているモノを順番に10個書き出してみる**といったことをすると、理解系だけでなく、夫や自分への認知があがるので、関係性がよくなりそうです。

そうやってふだん気づかない行動をカウントしてみることです。ふわっと生きていないことが大切なのだと言えそうです。

【事例（10）】 子どもの保育園・幼稚園や学校関係の書類は、とりあえずファイルへ入れておくが、どんどん溜まっている。

診断 「うっかり」してそのままに→思考系

子ども関係のプリント類は、知らない間にどんどん溜まってしまう典型例でしょう。これこそ、本来は、受け取ったその場で「要」「不要」を瞬時に判断したほうがいいモノではあります。しかし、単なるイベントの案内から、面談や行事のために準備するモノが書かれたプリント、子どもたちの様子が紹介されたお便りなど、しばらく保管しなくてはならないモノ、とっておきたいと思うモノまで、実に多岐にわたるので、なかなか判断が難しいですよね。

仕事や家事で多忙な日々を過ごしていると、よく読まないでとりあえずファイルへ入れてしまい、「用意するモノ」が間に合わなかったり、前日に子どもに言われて気づいたり……といったうっかりも起こりがちです。

やはり思考系脳番地をしっかり働かせることがカギになります。

対策 「思い」が湧いてこなければ捨てていい

これもやはり基準づくりがポイントとなります。基準があやふやだと、悩むばかりで行動に移せなくなるからです。

多くのノウハウ本に書いてあるように、**書類の場合、重要度や日付順で分けたりすることは基本**です。過ぎてしまった過去のモノは、どんどん破棄しないとパンクしてしまいます。

その際、書類を見てプラスの思いが湧いてこなければ捨てることをお勧めします。

たとえば、学芸会の招待メッセージが書かれたカードやクラスの様子が書かれた先生のお便りなどは、「あのときはこうだった」などと、親も子どもも思い出しやすいですよね。

そうではないモノ、**それを通して何も思い出せないモノ、それがなくても思い出せるモノ……といった書類は捨てて構わない**と思います。

長期記憶「過去を回想しながらじっくり考える」

子ども時代の思い出の品など、自分にとって遠い過去の記憶は、一概に「すぐに捨てる」必要はありません。自分の人生の歴史にまつわるものであり、捨てずにときどき思い返すことで、記憶系脳番地を鍛えることにもなりますし、モノに紐づいた〝楽しい日々〟を回想することで、気持ちが前向きになったり自信をもてたりするからです。

特に愛着があるモノ、心が動くモノは人を優しい気持ちにしてくれます。時間をかけて「捨てる」「捨てない」を決めていきましょう。

【事例（1）】子どもの工作や本が溜まってしまうので捨てたいが、親として「これは思い出があるから」と思ってしまい、なかなか捨てられない。子どもも自身も何でも思い出と繋がるようで、捨てられない。親がいったん別の場所に隠し、本人が忘れたころ、本人の目を盗んで捨てることもあるのだが、それでいいのだろうか……。

思考系　記憶系

診断　①「思い出のあるモノ」は「自己認知」に繋がる→思考系

こういう場合、私自身は、スペースが許す限り捨てないでいいと思っています。なぜかというと、「思い出があるから」という「捨てない基準」があるからです。「基準がある」ということは、しっかり考えている、思考しているということです。

わが家の話をすると、私の思い出になるというよりも、子ども自身に思い入れがあるモノを段ボールに入れて保管してあります。たとえば息子が小学校のときに使ったランドセルなどです。

私は、**本人の過去に対する愛着があるモノは、「自己認知」を上げるためにとても重要**だと思っています。

自己認知とは、自分自身で自分の性格、長所・短所、強み・弱みや価値観を理解することです。自分自身を正しく把握する力が高い人は、学業や仕事でも高いパフォーマンスを上げることができます。人間関係も円滑です。

ところが過去が思い出せない子ほど、あるいは過去を思い出したくない子ほど、自己認知は上がりません。

「過去を思い出すこと」は、「成長の歴史」を実感しやすく、「今の自分」と「過去の自分」を比べることによって、成長を自覚することができます。「成長の歴史」というのは後退していないので、自分を必ずプラスにするのです。

過去の記憶というのは、その子の「人生アルバム」の一部です。その意味で、「思い出に残る」と感じたモノは残しておくほうがいいと思います。

逆に言えば、あまり思い入れがないモノであれば、それは処分したほうがよいかもしれません。

余談ですが、私は子どもは自分の部屋を持ったほうがいいと考えています。部屋そのものが、子どもの成長の歴史となるからです。自己肯定感を育てるという意味合いでも自室を持つことは大事だと思っています。

また、小さいときに引っ越し回数の多い人ほど、その場面の記憶が変わりますから、その場その場での愛着的なものは継続しない可能性があります。

逆に、ずっと同じ家で暮らしていたら、愛着を感じるようになるのではないでしょうか。実際、私も15歳まで実家暮らしでしたが、今でも帰るたびに愛着を感じます。

診断　②「回想」は認知症予防も期待できる→記憶系

実は「思い出のモノをとっておく」ことは、認知症予防にも効果があることが期待できます。**過去の思い出を振り返ったり記憶を思い出そうとしたりすることが、認知機能を活性化させる**のです。

何より脳が「楽しかったころ」を思い出してリフレッシュされますし、記憶力の強化にも繋がります。結果として認知症予防にも役立ちます。

実際、認知症の方へのアプローチ法の１つに「回想法」があります。回想法とは、昔の懐かしい写真や音楽、昔使っていた馴染(なじ)み深い家庭用品などを見たり、触れたりしながら、昔の経験や思い出を語り合う一種の心理療法です。

記憶が呼び起こされるとともに、自分の過去や昔の話を聞いてもらうことで、「共感してもらえる」といった実感を得て、安心感や自信に繋がる効果があります。

こうした効果を得るには、脳が過去の記憶に戻りやすくなるよう、過去のモノを部屋に置いておくといいわけです。

この手法は、認知症の方に対してだけでなく、子どもとの関係性構築にも役立つと考えています。アルバムや子どもの作品などを飾っておけば、それを手掛かりに話が弾んだりして、子どもの内面に入り込むこともできるからです。

そういう意味でも私は、処分しすぎて何もない家よりは、捨てないで残したほうがよいのではないかと思っています。

対策 ①親の判断で捨ててもOK

片づけのマニュアルの本などではよく、「子どものモノを捨てるときは、勝手に捨ててはいけない。子どもに聞くように」とあります。

しかし、脳の仕組みとしては、子どもはそもそも判断できないと思うので、子どもに聞くというよりも、親の判断でできるだけとっておくことをお勧めします。

とはいえ、やっぱりスペースの問題もありますから、捨てなきゃならないときもあるでしょう。その際は**子どもに聞くのではなく、一緒に回想しながら決めていく、あ**

るいは親が判断してもいいと思います。

子どもと一緒に当時の話をしながら、「捨てる」「捨てない」を決めていくことは、親子の会話にもなるのでお勧めです。親でも子でも、都度判断していくことが、そのまま思考系の訓練にもなります。

また「親が決める」ということは、「子どもに同調していない判断」です。「親の一存で決める」とも言えますが、そこは「子どもは脳的に未発達」だということを踏まえて、同調しなくていいでしょう。

対策 ②「ときが来る」のを待ってみる

とっておくということは、時間の経過を待つということでもあります。これにも意味があります。

たとえば小学校低学年のモノを中学生になって見たときに、「あー自分はこんなのを使ってたんだ」と思い返しながら、子ども自身が「捨てる」「捨てない」を判断できるようになります。

成長とともに思考系脳番地も鍛えられていくので、自分で考えられるようになるのです。

とはいえ、それでも「とっておこう」というケースが多かったりします。その場合もスペースが許す限り、残しておいたほうがいいでしょう。

こうして時間の経過を待ったほうが、自己認知は上がってきます。問題は、そのときが来るまでに親が待てるか、待てないかでしょう。親のほうの忍耐力が試されると言えそうです。

もし、「捨てられないモノ」が、子どもがつくった工作や絵だったりしたら、下手でも額に入れるなどして飾ってあげてください。子どもは自分がやったモノの価値はわかっていませんから、親がその価値を上げてあげるのです。評価してあげることは、子育てにおいてすごく重要なことだと思います。

そのように工夫しながら、スペースが許す限り、ぜひ、「ときが来る」のを待ってみてください。

ちなみに子どもの場合、「何でも捨てる子」は少ないと思います。モノを捨てることができる子は大別すると2パターンに分けられます。

1つは、そもそも大事なことがわかっている子。

もう1つは「モノが多いのがイヤだ」という子です。「ありすぎて集中できない」と感覚過敏によって、モノを置きたくないパターンです。

この場合、発達障害の中でも自閉スペクトラム障害（ＡＳＤ）傾向が強いのかもしれません。

【事例（2）】40年以上前に買ったマッサージチェア。高かったのでもったいなくて捨てられない。でも、その上には洗濯物を置いていたりと、この20年間使っていない。そもそも粗大ごみは役所に電話しなくてはいけないので、捨てるのが面倒くさい。

診断　脳の判断としては当然↓理解系、思考系、運動系

大きいモノほど動かしたくない、というのは脳の判断としては当然です。粗大ごみは、捨てるのにも手間暇がかかります。思い立ったときに処分できないため、それが言い訳になっている側面もあります。

一方で、高額な費用を払って買ったマッサージチェアの費用対効果を考えると、十分な役目を果たしたとは言えず、この先も使えると考えると、理解系は迷いに迷って保留になります。

この状況が、思考系がきっぱり判断して働くきっかけを奪っているわけです。その結果、運動系も働かず行動に移せない。

さらに、【ワーキングメモリの事例（１）　１３６ページ】でお伝えしたように、「粗大ごみを処分する」という行為は、リサイクルショップに行くのと同様、日ごろやらない行為です。ですから、行動するための回路が脳内にできていません。このことも「面倒」と感じる一因です。

ただ、大きいモノほど捨てにくいので、だからこそ、処分すると相当スッキリ感が得られます。

たとえが適切ではないかもしれませんが、かつては失恋すると女の人は髪を切る、と言われていました。気分を変える、モヤモヤを捨てる、ということでしょう。

それでどれくらい人生が変わるかはわかりませんが、大きなモノを捨てて、風景を一変させるということは、確かに気分的にスッキリして、新しいことに取り組むなどやる気が出てきます。

「日常を変えたい」と思うときが来たら処分する、という程度に考えてもいいかもしれません。ポジティブに考えれば、「人生を転換させたいと思うような決意のとき」が来るまでの目標物というか象徴として残すわけです。

「その日が来たら、これを捨てよう」と思えば生きるうえでのある種の張り合いが出てくるかもしれません。

対策　「他力」を使って捨てる

そこまでは思わずに、「やっぱり、ジャマだから捨てたい」し、「捨てなくては」と、理解はしているのに行動できない場合は、「他力を使う」のも一案です。他力を使うとは、**人と会話をすることで、自然に「捨てようかな」という気になる**ことです。

カウンセリングではありませんが、人と話をしていると、自分の考えが整理されてくるものです。悩みを打ち明けているうちに、自分で「ああ、こうすればいいんだ」と自ら解決策に気づくこともありますよね。

「捨てる」についても、他人に伝えることで、「ああ、もうこれは捨てちゃっていいかな」と、気づきを得たり、捨てるモチベーションが高まってきたりすることがあります。

マッサージ機であれば、「高かったから捨てたいけど捨てられないんだよね」と友人に話したら「いやいや、スペースをふさがれているほうがもったいないよ。捨てるべきだよ」などと返されるかもしれません。そうやって、自分の理解系を強化してもらうのです。実は、本人もそう思ってはいるものの、実行できていない。そこを、他力を借りる形で友人に背中を押してもらうわけです。

【事例（3）】体形が変わって着られない服があるが、高価だったし気に入っているので、いつかやせたらまた着たいと思ってとっておいてある。

理解系

診断　モノとの関係性を理解できていない→理解系

これはやっぱり女心として結構あることだと思います。ただ「やせたら」というのはいつのことでしょうか。

「とっておく」ことが、「やせるモチベーションに繋がる」という人であれば、とっておいたほうがよいかもしれません。

しかし、とっておくことによって、実はいつもそうなれない自分がいて、それを不快に感じているのであれば捨てたほうがいいでしょう。

客観的に見て、一生入らないサイズの服を持っていてもしょうがないと思います。

そうした自分の「未来」をしっかり理解できていない、あるいは自分の傾向をわかっていないと、こうしたことが起こります。

対策　現実をはっきり認識する

理解系脳番地が弱っていると、自分のことをきちんと理解できなくなります。ただし、「理解する」ことは、ときに感情に訴えないと理解できない場合があります。

「感情に訴える」とは、**それをいつまでも持っていることで（捨てないことで）幸せかどうか、快く感じるか**ということです。

本来は「現実をはっきり認識する」ことが必要です。現状認識をして、「だから自分は捨てたい」「捨てたくない」と、次に進むべきですが、多くの人は、そこをあまり深く考えずに「もったいないから」「そのうちやせるだろう」「とっておいてもソンはないし」などとさまざまな言い訳をつくって「捨てない」選択をしているのではないでしょうか。

「自分の感情を理解する」ということは、「捨てる」ときだけでなく、社会生活を送る上でとても重要になるポイントです。そうした力を養うには、理解系脳番地の活性化を努めて行うといいでしょう。

理解系脳番地を鍛えるには、【ワーキングメモリの事例（9）172ページ】でもお伝えしたように、ふだんの何らかの行動を「数値化」することがお勧めです。「理解していないモノを理解する」には、数値化してはっきりさせることが一番だからです。

冷蔵庫にあるモノで料理をするのもいいでしょう。「これをこう使って、この調味料を入れて……」と、料理をするときには、手順や材料を考えなくてはならないからで、「これがこうなる」「こうしたらこうなる」ということを、声に出さないまでも、頭の中で理解しながら進めていることになります。

【事例（4）】捨てたら思い出（過去）がなくなると感じて不安になる。だから写真やアルバム、年賀状も捨てられずに溜まる一方。

診断　感情が絡むと時間がかかる→感情系

これは脳の仕組みとして、ある意味正しい感覚です。「捨てたらなくなる」と感じてしまうモノは、捨てなくてもよい、ということです。

「捨てたくない」というのは、理由を考えて、状況がわかって、つまり記憶系も理解系も働いているときに「捨てたくない」となっています。

そして多くの場合、「捨てたくない」と思えるだけのエピソードがそこに付随しています。【長期記憶の事例（1）180ページ】と同じく、「人生アルバム」に関連しているわけです。

「捨てたくない」という気持ちに、片づけながら気づくことはとても大事で、こういうモノは優先的に残せばいいと思います。

脳の仕組みから考えると、感情系が絡むモノは捨てるのに時間がかかります。逆に考えれば、「判断するのに時間がかかっているモノ」は、なんらかの感情に紐づいているモノといいえ、それを「捨てたくない」と思うのは当然です。

ですから「感情が動くモノ」は、「保留」にしておいたほうがいいかもしれません。

対策　無理に捨てなくてOK

基準をつくれる人は「年賀状は○年前のモノは処分する」などと決めればいいですし、決められない人は、無理に「やらなきゃ」と焦る必要はありません。

中には、1年後、3年後など、時間が経ったり環境が変わったりすると、その間に自分の価値観が変わって、「いらないわ、やっぱり」と思うこともあります。

そうなればそのときに手放せばよく、**今、捨てたくないモノを無理やり捨てる、ということはむしろやらないほうがいいでしょう。**

column③

「選べない」「決められない」場合のヒント

「自分でこれを捨てていいのかわからない」「自分では決められない」という人もいます。この場合は思考力不足が考えられます。「決める」という行為は、極端にいえばYESかNOか、マルかバツかを選ぶことであり、脳としては思考の集中力が必要な作業になるからです。

「決められない」人の中には、２つから１つを選ぶことはできても、10個から１つを選ぶことができないことがあります。その場合は、10あるモノを５個に狭めて、さらに５個あるモノを２つに狭めて、「どちらがいいか？」と二者択一にまでもっていきます。あるいは、１つずつ「これはどう？」「これはどう？」と問いかけていきます。

数が多いほど難易度が高くなり時間もかかりますが、少なくする手順を踏んでいけば、対象が絞り込まれて思考しやすくなり、捨てることもできるようになるでしょう。

たとえば７つの大学に合格して進学先を１つに決める場合、どこも同じくらいの希望度で悩んでいたら、１校を選ぶのではなく、まず４校に絞って、そこから２校にしてどちらかを選ぶ、という「捨て方」をすると、納得度が高くなります。

第4章
家族が捨ててくれない場合の診断と対策

「捨てたい」という場合、ひとり暮らしなら自分の脳の仕組みを変えて、思考や行動を変えるように努力すればいいのですが、家族やパートナーなど同居人がいると、「その人たちが捨ててくれない」という問題が起こります。

そうなると、家族間で言い争いが増えたり、お互いにストレスが溜まったりして、双方にとっていいことはありません。

とくに小さいお子さんがいる場合は、要注意です。「捨てない」「捨てられない」家族（大人）がいると、それが〝ふつう〟になってしまい、子どももそうなってしまう可能性があるからです。

一方、高齢の親についても頭を悩ませている方も多いと思います。高齢者に対してはまずは「思いを丁寧に聞く」ことが大事でしょう。

以下は家族が捨ててくれない場合の、相手あるいは自分の脳の状態や対処法についての具体的な解説です。

【家族の事例（1）】子どもが、自分の不要なモノをなかなか捨ててくれない。捨て方がわからないモノは、とりあえず隣の部屋や親の部屋などに勝手に置いてしまう。自分の目の前からモノがなくなれば捨てた気になってしまうようだ。

視覚系

診断　脳的には自然な状態→視覚系

「目の前からなくなれば捨てた気になる」ということは、むしろ脳としては、自然で正しい状態です。

ただ、子どもが「勝手に別の部屋」に置くことが問題です。なぜ子どもはそういう行動に出るかというと、「いらないモノを捨てる」ということ自体が、子どもにとってまだ仕組み化されていない。つまり、記憶として定着されていないためです。

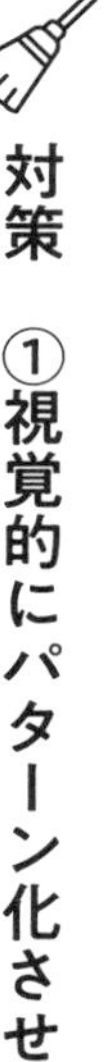

対策　①視覚的にパターン化させる

子どもとしては、自分なりにできる行動をしているのかもしれませんが、理想的な形にはなっていない。であれば、親が教えたり、併走してあげたりしてパターン化すれば、子どもはすぐに覚えるはずです。

ただ**子どもの場合は、何回も親が一緒に捨てないと身につかない**でしょう。逆にいえば、ちゃんとパターン化させると、しっかりできるようになります。

むしろ、大人の方がパターン化させても、再現性がない場合が多いかもしれません。

また「捨て方」「捨てるルール」は、家庭内で統一しておくことが大事です。親であれば、子に理解できるよう、しっかり伝達してあげ、さらにそのルールを覚えることをサポートしてあげましょう。

対策　②「保留」による「時間稼ぎ」もアリ

この「あるある」の場合のポイントは「とりあえず」ということです。一度、見えないけれど保留にする。そうすることで、いずれ捨てるチャンスが来ることもあります。

「保留は先送りに過ぎない」とも言えますが、時間が経過する間に新しい情報を入れることで、俯瞰（ふかん）して見られるようになったりすることを考えると、この「とりあえず」というのは、決して悪いことではないと思います。

捨てられない人にとっては、こういう保留の仕方がすごく重要になってきます。保留によって時間稼ぎになるからです。言い方を変えれば、「捨てる」には、モノにより適切な時間、時期があるということです。

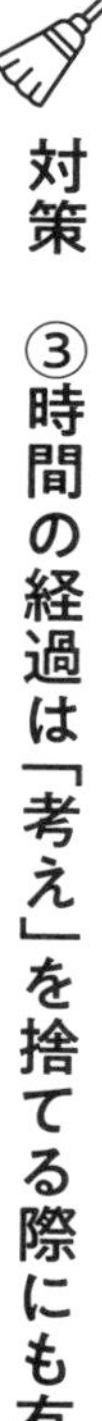

対策　③時間の経過は「考え」を捨てる際にも有用

時間的なタイミングというのは、モノだけでなく、「考え方」にも当てはまりそうです。

知人はある団体の幹部でしたが、活動意義を感じなくなったので幹部はもちろん、団体を辞めようと思っていました。どうやって辞めようということだけを考えていたそうですが、ある情報を知ったことで、「今、自分が辞める必要はない」と考えたそうです。放置しておいても、会自体が自然消滅することに気づいたのです。

つまり今、その団体を「捨てる」必要はない。捨てる時期の見通しがつき、そのことで計画を練ることができて、感情的にも思考的にもすごくクリアになったと話していました。

自分が置かれている立場というものがわかると、捨て方がわかったという例です。

逆に、「捨てれば選択肢が広がる」と判断したのなら、捨てた方がいいとは思います。

【家族の事例（2）】家族に「一緒に片づけしよう。これを捨てよう」「こうして捨てて」と言っているのに、言われたとおりに捨ててくれない。

診断　相手は脳を使いたくない↓聴覚系、思考系

家族間でも「快・不快」の感度が違うと、「捨てるモノ」「残すモノ」にも違いが出てしまい、厄介ですよね。それが原因でケンカにも発展してしまいます。感情のもつれに発展しないよう、脳の仕組みを活用して、落としどころを見つけるのが賢明です。

しっかり稼働していないと、相手がいるのでトラブルの原因になりやすいのが、聴覚系脳番地と思考系脳番地です。

判断するときに思考系が働きますが、相手が判断できないのであれば、話をよく聞いて、判断をこちらが請け負うことが大事です。

脳科学的な視点で押さえておきたいのは、こちらにとっては単に「捨てて」と言えることではなく、相手から「捨てる」判断をもらうということです。

「捨てる」という行為は、【直近記憶の事例（1）98ページ】のレシートのように、考えなくても即座に捨てることができるモノなら、「捨てて」といえば、比較的簡単に実行してもらえるでしょう。

しかし、そうではない、つまり、**頭を使わない相手には、「捨てるか捨てないかの判断を任せてもらう許可」を取れば捨てられる**わけです。

ですから「相手が聞いてくれない」という場合、相手にあまり脳を使わせないで、シンプルに納得してもらうために、判断許可をとる必要があります。その際には「伝え方」がカギになります。

対策　①伝える前に「仕分け」をする

「判断許可をとる」ためには、大きく2つのステップが必要です。第一ステップは「自分の中で対象物をレベルに仕分けする」。第二ステップは「対象物が相手にとってどういうモノなのかを理解する」ということです。

先にお伝えしているように、「捨てる」には記憶に拠る3つのレベルがあります。単純に「あんた、溜めてばっかりいて！　さっさと捨てて！」と頭ごなしに責めても、効果はありません。そうではなく、自分がその対象物を捨ててもらいたいと思うのはなぜなのか、まずは自問自答してみましょう。

粗大ごみみたいな不要品を捨ててほしいのか、趣味のモノだけど使っていないから捨ててほしいのか、似たようなモノを集めているから捨ててほしいのか……脳科学的には、そこをあいまいにせず、**「すぐ捨てられるモノか」「少し考える時間が必要なモノか」「時間がかかるモノなのか」と、3つの記憶の問題のどれに当てはまるのか整理してから、それを正しく伝える**ことが賢明です。

相手の脳にとって対処しやすい（捨てやすい）準備を提供する、ということです。

たとえば同じ新聞でも、「この新聞、捨てて」というのと、「あなたが掲載されたこの新聞捨てて」というのでは、意味合いが異なってきますよね。

前者は「もう使わないしジャマだから、すぐに捨てて」であれば、直近記憶の問題ですが、後者はワーキングメモリ、もしくは長期記憶の問題になるはずです。

ワーキングメモリの問題なら「新聞がもう一杯だから、必要な部分だけ切り取って、残りは捨てて」となるかもしれませんし、長期記憶の問題であれば「できれば捨ててもらいたいけれど、あなたが載っているモノだし、まあ考えといて」となるかもしれません。

どの記憶に相当するモノなのかを、ちゃんと考えてから相手に伝えることは、良好な関係性を築くことにも繋がります。

対策　②相手の「思い」を理解する

さらにもう一歩、相手に踏み込んで、「これはあなたにとって、どういう意味を持つモノなのか」と聞いてみることも大切です。これが第二ステップです。

家族であっても、こちらの思いと相手の思いや考えは、当然異なりますし、優先順位があって「今は捨てられない」と、返されることもあるでしょう。

そうなったとき、「今は捨てないんだね」と相手の気持ちを尊重することも1つの道です。その際は、その対象物を「捨てる」という意識は、ワーキングメモリには入っていないかもしれませんが、時間の経過とともに、ワーキングメモリに余裕ができたら意識として上がってくるかもしれません。あるいは「保留」したまま、記憶から遠ざかってしまっている可能性もあります。

いずれにせよ、少し時間がたってから「あれは、どうしようか」などと介入するといいと思います。

「実家が片づかない」と悩む状況にも同じようなことが言えます。実家に帰るたび、いくら親に「捨ててよ!」と口を酸っぱくして伝えても捨ててくれない。いわゆる実家の片づけで悩む人は、これからもどんどん増えてきそうです。

そこで、ちょっと落ち着いて考えてみましょう。実家はなぜ片づかないか。モノを捨てないか。それは、父母にとってはこれまでの人生の足跡だからにほかなりません。一方的に「片づけて」「捨てて」と言うだけでなく、じっくり思いを聞いてあげましょう。もしかしたら話すことで満足して、「じゃあ、これは捨てるわ」となる可能性もあります。モノへの思いを吐き出して、自分の気持ちが自分で理解できることで、感情も落ち着いてくるのかもしれません。

当人が「捨てる」判断をしやすいよう「伝え方」を工夫することで、こうしたことがスムーズにできる可能性があるのです。

実はこのように、理解系と感情系は密接に関係しています。

脳の構造上、理解系の前はすぐ感情系です。聴覚系も理解系に囲まれています。ですから、見たもの、聞いたもの、触れたものなど、感覚的なものは、理解に大きく影響します。なので、**理解力が変わると気持ちが変わる**のです。

高齢者が理解が低下すると怒りっぽくなるのも、そうした脳の仕組みによるものです。

【家族の事例（3）】 家族がゴミ・リサイクル回収の分別を理解していないことにイライラする。ゴミ箱から分別の間違ったモノを拾い「ここにリサイクルマークで『紙』って書いてあるのに読めないかなあ？」というのが口癖になりつつある。

診断　①相手がわかるように伝えていない→伝達系

このケース自体は、仕組みで改善できる領域です。

分類が多いと、いざ捨てようとするときに分類が思い出せないのは、家族にとってはそれほど重要なことではないので、記憶として定着していないのでしょう。

ですから誰もがわかるように、**誰にでも伝えられるようにラベルをしておく**、ということが対処法としては一般的です。

診断　②家族が「発言を正しく聞き取れていない」→聴覚系

ただ、実はこのやりとりの中には「コミュニケーション不全」が潜んでいる可能性もあります。互いのコミュニケーションがすれ違っていたり、誤解が生じていたりするのです。

その原因は相手（家族）の聴覚系脳番地にあります。あなたの言っていることが、正しく聞き取れていないということです。

結局「捨てて」と言われてその場で捨てていなければ、相手の聴覚は働いていないことになります。なぜなら、「あれほど言ったのに」とあなたが発言した時点で、「捨てて」は、もうすでに聴覚ではなくて聴覚から入った記憶になっているからです。

何かを聞いたとき、その内容は、聞いたとほぼ同時に理解しますが、それを覚えてるかどうかということです。**時間が経っても正しく聞いたことを覚えているのは「聴覚記憶」の働きによるものです。**

対策 ①SNSで発信してみる

「相手が聞いたこと（こちらが伝えたい内容）を理解していない」場合、相手を変えるのははっきり言って不可能です。

本人にとってみれば、分別することは重要ではなく、優先順位も低いので、覚えようという気がないのでのれんに腕押しです。

であれば、どうするか。

あなたができる方法としては、第一に「わかりやすく伝える」ことです。

相手が理解しやすいように「伝える技術」を獲得するのは、得意不得意があってなかなか難しいと思われがちですが、トレーニングを重ねれば、誰でもうまく伝えられるようになります。

トレーニングとして手軽にできるのは、インスタグラムやブログなどSNSで自分の行動や思いなどを発信することです。

メールやラインで特定の人に「伝える」ことも、もちろんいいのですが、不特定多数に向けての情報発信は、第一に「わかりやすさ」がキモになりますから、それを意識して表現するようになるでしょう。

相手に誤解を与えないよう留意するようにもなるはずです。フィードバックがあったら、それが励みになるのもＳＮＳのいい点です。

何を書いたらいいか悩む場合は、「今日は○○を捨てた」と**「捨て日記」**風にすれば、捨てるモチベーションもアップするかもしれません。

対策　②家族でラジオを聴く習慣を

相手の、および自分自身の聴覚系脳番地を鍛えるために手軽にかつ自然にできるのは、常時ラジオを聴きながら、ラジオから流れてきたことについて家族と会話をすることです。

たとえばラジオから天気予報が流れたら、「今日、降水確率どのくらい？」と聞いたり、ニュースが流れてきたら「この事件はどこで起きたんだっけ？」などと聞いたりしてみてください。

しっかり聴いていないと聞き取れませんから、相手は聞き耳を立てるようになるでしょう。

もしそれで「うるさいな」「知らないよ」などの返事が返ってきたら、それはそもそものコミュニケーションに問題があると考えた方がいいと思います。

また、自分がやってみせて相手にも、「そうしたほうがいいかも」と思わせる手もあります。

たとえば頻繁にメモをとる、といったことです。テレビを見たり、新聞や雑誌、本を読んだりしたときに、「これはいいな」と感じたことなどを、**メモする習慣**をつけるのです。もちろん、家族の前で、です。

そうすることで、あなた自身の聴覚系脳番地が活性化されるのはもちろんですが、メモする姿は特にお子さんに影響を与えるようになるでしょう。

ちなみにテレビを見ているとき、字幕を追ってしまう人や、調べものはスマホやパソコンばかりで、人に聞くことをしなくなる人は、聴覚系脳番地が衰えやすくなってしまうので注意が必要です。

【家族の事例（4）】同居している義父は、リビングに子どものオモチャなどが散らかっていると「こんなに散らかして。もう、捨てるぞ！」というが、本人の部屋はうん10年モノを溜め込んだまま捨てないでいる。

運動系

診断　①脳に緊急性を感じさせていない→運動系

まず、リビングという共有部分であることが、「捨てるぞ！」ということになりやすい場所です。そして、「こんなに散らかして」というくらい、今、散らかり具合が見えるわけですよね。この散らかった状態だと、家族が次に何かを行動しにくいから、片づける必要性が出てきます。

一方で、自分の部屋はそのままにしていても当面、不都合なことがないし、緊急性もない。だから片づけたり捨てたり、という行動をする必要がないからしないのでしょう。これは運動系を使わない典型的なパターンです。

逆にいえば、緊急性を持たせれば「捨てなきゃ！」と思って行動できるかもしれません。

とはいえ、本人がそう自覚するように部屋の片づけに緊急性を持たせるのは、なかなか難しいことです。他の日常生活に比べて（たとえば新聞を読む、囲碁をするなど）、溜め込んだモノを整理することの「価値」を見い出しにくいからです。

これは、年齢とともに動くことがおっくうになっている義父に限らず、あなたもそうではないでしょうか。整理することよりも、買いものをしたり遊んだりしたほうがいいに決まっていますし、緊急性のある仕事をやってしまいたいでしょう。より大事な用事をこなしたいというのが人間ですし、それをやることによる〝ごほうび〟があれば、人は進んでやるものです。

対策　相手の「捨てポイント」を見つけて促す

ではどうすればよいかというと、やはりどうにかして捨てるための「理由」を見つけることになるのではないでしょうか。

「古くなったから」「汚れたから」「使っていないから」「壊れているから」……などなど、きっと理由はいろいろ見つかります。ただ、それを義父が自分で認められるかが問題ですし、本人が「捨てたほうがいいかな」という心持ちになるような「伝え方」を工夫する必要があります。

脳科学的にいうと、相手の長期記憶に保管されているものを、ワーキングメモリのところ、すなわち短期記憶まで再び持っていく、ということになります。

子どもの作品を片づけるのと同じように、ひとつひとつ「これは、きっとおばあちゃんとの思い出のモノですよね」……などと、**相手にそのモノにまつわる話を聞いたりして、相手が納得して手放せるように促してあげましょう。**

コツは、おだてながら、本人の意思で取り組んでいるように思わせることです。会話をしているうちに「捨てちゃっていいね」となれば成功です。

【家族の事例（5）】使わないモノ・使っていないモノを「これはもう、捨てるね」と夫に言ったら、夫は「すぐまた捨てるって言う！」とキレて、話がまとまらず捨てられない。

思考系　理解系　感情系

診断　①脳をほとんど動かしていない夫→思考系、理解系

これは不条理な怒りがこちらに向いてきてしまっている状態ですね。

この場合の「捨てない人」（捨てたくない人＝夫）は、そのままでも困っていないし困らないので、「今までどおりでいい」と考えています。思考系を使いたくない状態とも言えます。

それなのに、「捨てろ」と責められる。「俺は今までどおりでよいのに、なんで俺のことを責めてくるんだよ」と、感情的になってしまっています。

さらに「キレる」というのは、相手の意見に耳を傾けずに、「相手が何を言っているのか考えたくない」ということと、ほぼイコールです。人の言っていることを理解して取り入れたくないときに、感情表現の1つとして「キレる」ということが起きます。しかし、それは多くの場合、失敗するサインではないかと思います。

「捨てたくない人」はこの場合、「現状を変えたくない」「相手の言うことを理解したくない」という2つの意味で、ほとんど脳を動かしていないと言えます。

睡眠不足だったり仕事が多忙だったりして、頭の中も忙しく、「捨てる」ことに対しての優先順位が相当低いのでしょう。それをどうやったら優先順位を上げられるように促すか、ということです。

診断　②双方の感情にズレがある→感情系

一方「捨てる人」（捨てたい人＝妻）からすると、「それ邪魔なんだよね」と、困っています。「これは邪魔だ」と理解して、「困惑」という感情のスイッチが入っている状態です。

捨てない夫とは、状況への理解も、「怒り」と「困惑」という感情においてもズレが生じています。

それで摩擦が起こってしまうのです。

こうした「捨てる」「捨てない」に対する感情のズレは、思想にも似ています。どの政党を応援するとか、どの宗教に入るとかと一緒で、対象物に対する考え方の相違からくることです。

「使えなくなったら終わり」と思うのか、「使い始めたら最後まで長く感謝したほうが良い」と思うのか。モノに対する敬愛や慈しみの感情は、人それぞれではありますが、他人ならまだしも、同じ家で生活しているメンバー間で、このように意見が合わないと、何かと不都合が起こります。しっかり話し合ってお互いの思想、考え、価値観などを理解しておく必要があります。

それは「キレられる」ことを回避することにも役立ちます。

この場合は、「今まで どおりではよくない」ということを理解してもらわないと、恐らく解決できないでしょう。

たとえば「捨てる（捨てたい）」対象物が洋服なら、たくさんあるのを並べて、「これとこれ、どっちをとる？」と、ひとつひとつ比較させて、少しずつ減らしていく方法があります。

あるいは、「すぐ捨てる」のではなく、「これはあのときに買ってきて、こういう思い出があるよね。でもダメになっちゃったね」などと思い出話を少しして、相手が納得して捨てるように促すことも一案です。このやり方は、子どもや義父に対するときの「伝え方」と同じです。

対策　会話の8割はポジティブな内容に

コミュニケーションの秘訣としては、相手が楽しく感じる内容を8割にしておくことです。というのも、最近、私は、息子としゃべっているとき、その内容の8割は、彼に「こうした方がいいよね」と言っていることに気づきました。

忠告や指示がほとんどで、彼が楽しさを感じるのが2割程度だったということです。そうなると、息子はずっと責められているように感じてしまい、面白くないのは当然です。

ですから、この比率を変える必要を感じました。**楽しく感じる話を8、小言が2**であればいいのかなと思い、改善しているところです。夫婦の場合も、できるだけ8：2にしていくことをお勧めします。

ちなみにその配分も、自分では相手に配慮している割合が8割のつもりでも、相手からしたら8割どころか3%くらいしか配慮を感じていない、という場合もあります。

相手がどの程度、配慮や共感、賛同しているかを、会話の中で判断するのはなかなか難しいことですが、だからこそ、コミュニケーションをとることが重要になります。

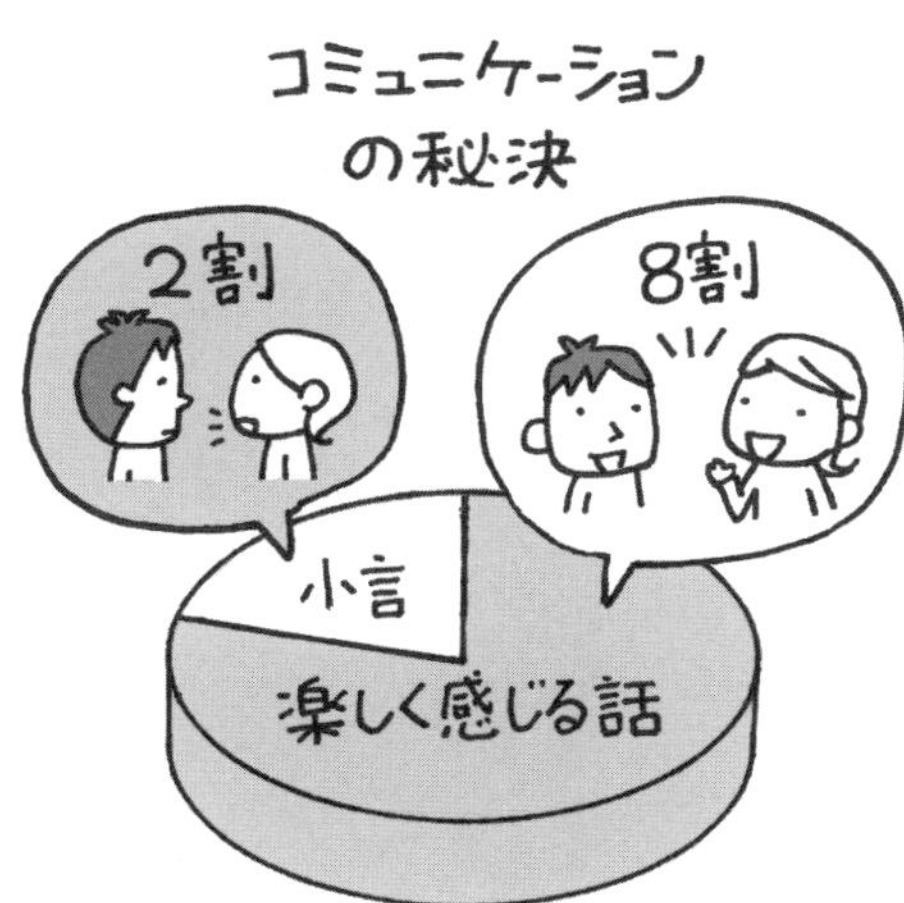

【家族の事例（6）】夫の部屋には趣味のモノが多い。もう入手が難しいモノなどをたくさん持っているだけでなく、今使わないモノまでも溜め込んでいる（楽器、10年以上前のサッカーやF1の番組などを録画したビデオテープなど）。そんな夫をなんとかしたい。

聴覚系　理解系　伝達系

診断　①「捨てない理由」を聞いて理解する→聴覚系、理解系

妻としては「家庭内の全体のモノを減らしたい」という理由を持っています。そのため、どうしても夫のモノに介入したくなりますが、そのためには、「夫がそれを集めている理由」「捨てない理由」などをしっかり聞き取り、理解しておく必要があります。

そうでないと、一方的に「勝手に捨てたね！」などと夫婦ゲンカの原因となってしまいます。

診断　②「自分の思い」を伝える→伝達系

そして、介入するのであれば、しっかり伝達系を活用し、「自分はなぜこうしたいのか」を伝えます。

そもそも他人のことは変えられません。夫は夫なりの基準でモノを持っているので、家族といえどもそこへは介入しづらいものです。

夫専用の部屋を用意できる場合は、そこのテリトリーだけは、汚部屋になろうが何しようが、好きにしてOKと取り決めておくしかなさそうです。

対策　「捨てない」を決めてもらう

夫にたずねると、「どれも捨てられない」と返ってくることもあるでしょう。夫にとってはすべてが「宝物」なのです。そうなったら、その中でも基準を決めるように促すのも一案です。

そのやり方としては、「あなたの宝物は、これですべてですか？　この中に捨てられる優先順位がつけられますか？」と確認しながら、整理していきます。

「今それを持っている理由」をハッキリさせて、その理由の枠の中に「入っているのか」「入っていないのか」を一緒に考えていきます。

こうすることと自体が、夫への理解を高める訓練にもなりますし、夫自身も自分を理解するいい機会だと言えます。

枠外であれば、持っている理由は大してないということです。であれば「捨てる」に移しやすいですよね。

「捨てる」枠を決めるより、「捨てない」枠を決めた方が、「捨てる」「捨てない」を早くジャッジでき、捨てやすくなります。

【家族の事例（7）】 実家の片づけに悩んでいる。生活する最低限のスペースを除き、モノであふれていて、「捨てたい父」と「捨てたくない母」とのせめぎ合いが続いている。

感情系

診断　「家族の歴史」を回想することで感情が豊かに→感情系

実家の片づけは大仕事ですよね。高齢の親であれば、実家の処分、相続なども含めていろいろなモノを捨てなくてはならない状況になります。

ここでは、実家の中にある「モノ」と「相続」に分けて考えてみましょう。

まず、モノについて。「捨てたい父」と「捨てたくない母」がふたりだけで住んでいた場合、もう家を出ている子どもたちが参加して「やっぱり捨てようよ」と助言することが妥当かと思います。

そもそも実家については、私は、子どもはもちろん、場合によっては孫まで参加して、「処分する」「処分しない」ということを考えることが大切だと思います。

それは紛れもなく「家族の歴史」、いわば「家族の人生アルバム」をどのように引き継いでいくか、という未来に向けてのプランニングにもなりますし、一族みんなで、わが家の足跡をたどってみることで、感謝の念が深まったり、あらたな発見があったりして、感情的に豊かになれるからです。もちろん脳も刺激されます。

対策　実家の処分や相続は、プロセスが大切

相続に関しては、もともと仲の悪い家族であれば、さらに仲が悪くなったりしますが、仲の良い家族であっても、さまざまな感情が渦巻きます。関わるすべての人たちの将来を考えるというのは、「捨てる脳」になるためにも大事なことです。

たとえば、相続の際、老父母の世話をまったくしていない兄に遺産をより多くとられた、という話も聞きますし、逆に「自分は世話をしていないから、兄により多くとってもらおう」と考えるケースもあります。

そもそも、**「捨てたからいい」「捨てないからいい」ということではなく、「捨てる」「捨てない」のプロセスがとても大切**ではないかと思うのです。

モノから派生した思い出が感情に繋がりますし、相続の場合は、相手の言動や相手の態度がお金に連動していなかったりします。

たとえば、「あんなにお金があるのに強欲なんだな」など、人間の感情的な関係性が、ものすごく浮き上がってくるのです。特に決断するときによく起こります。

相続は特に典型例だと思いますが、それ以外のさまざまなシーン、たとえばビジネスでも、物事というのは明るみに出ないと決められないものです。

誰が何にこだわっているのか、何が一番大切なのか……面倒ではありますが、相続の場合は特にそうした感情をひとつひとつ解きほぐしていく必要があるでしょう。

これは終活にも関係する話で、「捨てる脳」は、終活もきちんとできる脳だと言えます。

おわりに——いいときに、いいことをする

私自身、何かを捨てるとき、「ワクワクもしない」し、「ときめきもしない」。むしろ、「ドキドキする」し、「どうなるだろうか」と不安にもなります。

私の長期記憶をたどると、小学校3年生の時が思い起こされます。父は、実家から車で1時間半ほど離れた新潟市に勤務していたので、週の半分以上は実家を離れていました。そのころ、新潟市内に移住して、学業面でかなり発達の遅れを指摘されていた私を新潟市の小学校に入れることを強く提案していました。まだ9歳だった私は、祖父母との暮らしと生まれ育った現長岡市寺泊野積の地元を捨てることを2年間にわたって断固拒否していました。

その一方で、「自分の何かを変えないと転居させられる」という思いと毎日戦い始めていました。そんなころ、小学校3年生から、担任が変わり、担任の松原先生が、私にリーダーの素質を見出し、わずか17人の少人数のクラスながら、何かにつけて私にクラスを統率するように練習させてくれました。体育の授業も担任が指示したメニ

ューを統率してこなすことができるようになりました。そうなると、私の学習力も徐々に向上して、5年生になるとすでに、6年生の模範と言われるようになっていました。そのころになると、父も移住の選択を捨ててくれたようでした。今は廃校になっている野積小学校の児童会長などもできるようになりました。これは、私が生まれ故郷を捨てなかったがゆえに、私の愛する地元は今も私の中にあるのです。父は婿でしたので、私の故郷を捨てない一大プロジェクトを祖父母が応援してくれたことは言うまでもありません。

さて、父の移住計画を捨てさせてしまったので、もう1つの父の提案であった「将来は、官僚、代議士、弁護士、そして医者がいい」という思いを叶える必然性が強くなりました。その後、寺泊中学校に進み、中学3年生の時に、新潟県陸上競技大会で優勝すると、スポーツ選手になることと完全に決別して、医者になる最終決断をしました。父は自身が学業を修める環境ではなかったため、ことさら向学心が強く、私がアルバイトで小銭を稼ごうとしても「いいときに、いいことをする」と言って、今やるべきことや、今しかできないことを最優先にして、暗に他を捨てることを教示していました。この教えはここまで、私が全くぶれずに脳を追求する人生を歩めてきた大きな支えになりました。このように、何かを捨てるには、高い理念と教えが必要なのだと思います。

あと1つ私の長期記憶のお話をします。２００6年、大好きな祖父の死期が近いことを悟った私は、生と死、祖父の死と引き換えに何かの生が必要な気がしました。そこで、懸案だった株式会社「脳の学校」をその6月に創業し、杜氏で海の男だった祖父は12月、96歳で他界しました。男子に恵まれなかった祖父は三代目の私に期待して、幼少期からことあるごとに帝王学を授けてくれました。その帝王学は、今も私の中に生きています。祖母と共に、田舎のしきたりの分家制度を踏襲せず、自らが初代として家を興しました。ですから、祖父の家に対する思い入れは強く、その実家を度々残すように私にお願いしていました。私自身、そこで産婆によって自宅分娩しました。今年で、祖父が亡くなり18年目になります。祖父が生前暮らした部屋は、他界したその日のままに保存されています。私は、実家で生まれて、3歳ごろから祖父母の間でちょうど川の字で寝て暮らしました。祖父が他界した日、私は祖父のベッドのある横で寝ていましたが、気持ちよさそうにこの世を去っていきました。

このように、捨てられない長期記憶の一方で、直近記憶、ワーキングメモリを使う場合、私の捨て方は、とても大胆です。米国で6年を費やし修得したｆＭＲＩという最先端の脳機能画像法について、毛細血管機能に対する感度が低く、脳機能誤診をすると判断すると、自分で発見したｆＮＩＲＳ（参考文献8）にその解決策を求めて、脳機能誤診を解消する技術を発見、開発してきました。２０１３年に開院した加藤プラチナクリニックでは、既存の医療技術ではない独自開発した国際特許技術をＭＲＩに用いて、診断、治療しているだけでなく、病気のあるなしに関わらず、「私が脳を診た人が幸せになれる、脳を変え、人生を変える医療」を実践しています。他の医師がやれることは可能な限り捨てて、私だけができる医療を選択しています。このような脳道、すなわち志を持つと世の中も人とは違って見えていると感じています。

「捨てる脳」になることは、必ずしも簡単ではないかもしれません。しかし、全てを「集める脳」で生きていくには限界があります。

本書と出会った読者のみなさんとともに、私の「捨てる脳」もより一層鍛えてゆきたいと思います。

株式会社「脳の学校」代表、加藤プラチナクリニック院長
脳内科医・医学博士　加藤俊徳

参考文献

1. Kato T, Erhard P, Takayama Y, Strupp J, Le TH, Ogawa S, Ugurbil K. (1998). Human hippocampal long-term sustained response during word memory processing. Neuroreport. Apr 20;9(6):1041-7. doi: 10.1097/00001756-199804200-00016.

2. Kato T, Yamashita Y, Maki A, Yamamoto T, Koizumi H. (1999). Temporal behavior of human functional near-infraredgraphy (fNIR) using single-word speaking trial. NeuroImage,S1025.

3. Kato T, Ogawa S, Ugurbil K. (2000). Functional suppression of long-term sustained response in the human hippocampal formation due to memory distraction. Neurosci Lett. Sep 8;291(1):33-6. doi: 10.1016/s0304-3940(00)01400-2.

4. Evans DW, Orr PT, Lazar SM, Breton D, Gerard J, Ledbetter DH, et al. Human preferences for symmetry: Subjective experience, cognitive conflict, and cortical brain activity. PLOS ONE. 2012;7:e38966 10.1371/journal.pone.0038966

5. McMains S, Kastner S. (2011). Interactions of top-down and bottom-up mechanisms in human visual cortex. J Neurosci. Jan 12;31(2):587-97. doi: 10.1523/JNEUROSCI.3766-10.2011.

6. Saxbe, D. E., & Repetti, R. (2010). No Place Like Home: Home Tours Correlate With Daily Patterns of Mood and Cortisol. Personality and Social Psychology Bulletin, 36(1), 71–81. https://doi.org/10.1177/0146167209352864

7. Cutting JE, Armstrong KL. (2016) Facial expression, size, and clutter: Inferences from movie structure to emotion judgments and back. Atten Percept Psychophys. Apr;78(3):891-901. doi: 10.3758/s13414-015-1003-5.

8. Kato, T. (2004). Principle and technique of NIRS-Imaging for human brain FORCE: fast-oxygen response in capillary event. Proc. 15th World Congress of the International Society of Brain Electromagnetic Topography 2004; 1270, pp. 88-99.

〔著者紹介〕

加藤俊徳（かとう　としのり）

脳内科医、医学博士。

加藤プラチナクリニック院長。株式会社「脳の学校」代表。

昭和大学客員教授。脳科学・MRI脳画像診断・ADHDの専門家。助詞強調音読法や脳番地トレーニング法を開発・普及。

1991年、現在、世界700カ所以上の施設で使われる脳活動計測fNIRS（エフニルス）法を発見。1995年から2001年まで米ミネソタ大学放射線科でアルツハイマー病やMRI脳画像研究に従事。発達障害と関係する「海馬回旋遅滞症」を発見。加藤プラチナクニックでは、独自開発した加藤式脳画像診断法を用いて小児から超高齢者まで、脳の成長段階、強み弱みの脳番地を診断し、脳を強化する健康医療を行う。

主な著書に『片づけ脳』（自由国民社）、『一生頭がよくなり続けるすごい脳の使い方』（サンマーク出版）、『1万人の脳を見た名医が教える　すごい左利き』（ダイヤモンド社）、『頭がよくなる！寝るまえ1分おんどく366日』（西東社）、『ADHDコンプレックスのための“脳番地トレーニング”』（大和出版）、など著書・監修書多数。

※著者による脳画像診断をご希望される方は、以下をご覧ください。

・加藤プラチナクリニック公式サイト　https:// nobanchi.com

2024年４月17日　初版第１刷発行

気持ちも頭もスッキリする！
捨てる脳

著　者　　加藤俊徳
発行人　　石井　悟
印刷所　　八光印刷株式会社
製本所　　新風製本株式会社

発行所　　株式会社自由国民社
〒171-0033　東京都豊島区高田3-10-11
03-6233-0781（代）

カバーイラスト　どいせな
本文イラスト　にいじまみわ
装　丁　小口翔平＋神田つぐみ（tobufune）
本文デザイン＆DTP　有限会社中央制作社

編集協力　江頭紀子
企画編集　井上はるか（自由国民社）
営業担当　横井奈美（自由国民社）